Itinéraire d'un militant
(1973-????)

Collection « Héritiers de l'avenir »
dirigée par Émeric Bréhier

Construire l'alternance (1971-1997). Militant, élu, responsable d'État: un parcours, Lionel Jospin, entretien avec Émeric Bréhier

www.editionsbdl.com
33310 Lormont

ISBN : 978-2-35687-872-4

Jean Glavany, entretien avec
Émeric Bréhier

Itinéraire d'un militant (1973-????)

Fondation Jean Jaurès

Le Bord de l'eau

Avant-Propos

1971, 1981, deux dates qui, parmi d'autres, font sens dans la longue histoire de l'un des principaux courants idéologiques et politiques français, le socialisme. La pandémie de la Covid n'a à l'évidence pas permis aux héritiers actuels de cette longue histoire de commémorer ces dates phares de l'histoire du socialisme récent. La Fondation Jean Jaurès y a pris, à sa modeste place, sa part.

Ce fameux congrès d'Épinay de juin 1971, dont ce fut le cinquantième anniversaire l'année dernière, fut pourtant d'abord et avant tout un congrès d'appareil au cours duquel la victoire de la coalition regroupée par celui qui allait en devenir le Premier secrétaire fut bien étroite. Sur le moment, cet épisode de vie du Parti socialiste n'est pas perçu comme un événement fondateur. D'autant moins que, trois ans après Mai 1968, l'attention de beaucoup est moins focalisée sur une « vieille maison » que sur des groupuscules se vivant, et se déclarant, révolutionnaires. Et pourtant, c'est bien de cette maison, alors quelque peu décrépite, que viendra la dynamique politique qui marquera les décennies à venir. Maison dont l'histoire, longue, avait pris un, premier, virage crucial lors de son unification en 1905 avec la création de la Section française de l'Internationale ouvrière (SFIO). De 1905 à 1971, les virages ne manquèrent pas.

Tout au long de l'année 2021 furent réalisés des entretiens filmés avec certaines et certains de celles et ceux qui contribuèrent à écrire la vie politique de ces cinquante dernières années. Chacun se déroula, à part celui avec Monsieur Robert Badinter, au siège de la Fondation Jean Jaurès qui avait dès le départ, souhaité, soutenu et piloté cette opération. Et au premier chef son président, Henri Nallet, qui non seulement adhéra à cette initiative mais qui plus est y prit sa part[1]. Plus d'une vingtaine d'entretiens furent ainsi tournés, d'une durée toujours inférieure à 1 h 30[2]. D'autres pourront encore être conduits les

1 Cette initiative bénéficia bien évidemment du soutien du directeur général, Monsieur Gilles Finchelstein, mais aussi bien entendu de son DGA, Monsieur Laurent Cohen et du directeur de département histoire de la Fondation, Monsieur Thierry Mérel. Qu'ils en soient tous trois remerciés.

2 Ont ainsi été réalisés des entretiens avec Mmes Édith Cresson, Michèle Sabban, Marisol Touraine, Marie-Noëlle Lienemann, Élisabeth Guigou, MM. Robert Badinter, François Hollande, Laurent Fabius, Alain Richard, Jean-Christophe Cambadélis, Pierre Moscovici, Manuel Valls, Claude Bartolone, Jean-Paul Planchou, Jean Glavany, Jacques Auxiette, Michel Charzat, Henri Nallet, Bernard Poignant, Daniel Vaillant, Bernard Roman, Jean-Marc Ayrault, Jean-Pierre Bel, Jean-Paul Huchon, Bruno Leroux, et bien sûr Lionel Jospin. Tous ces entretiens peuvent être visionnés sur le site de la Fondation Jean Jaurès (www.jean-jaures.org).

prochaines semaines et les prochains mois. Il s'agit bien ici de constituer une vidéothèque d'archives pouvant intéresser les futurs historiens du politique. Une nouvelle fois, que toutes et tous qui ont bien voulu prendre un peu de leur temps pour y participer en soient encore remerciés. Certains d'entre eux feront d'ailleurs l'objet d'une publication ultérieure, réécrite en partie comme c'est le cas avec celui avec Lionel Jospin.

Autant le dire, en un temps aussi contraint, il n'était jamais possible d'aborder l'ensemble de la vie politique de chacun de ces acteurs. Le but n'était pas non plus de remettre en cause le récit de chacune des personnes ayant accepté de participer à ces entretiens. À chaque fois, il s'agissait bien plus d'échanges libres, conduits au travers de questions que j'avais envie de poser à mes interlocuteurs. Celles-ci étaient forcément, et indubitablement, subjectives, marquées à la fois par ma propre participation comme militant à certaines des périodes abordées ou par mes propres centres d'intérêt. À cet aune, ces interrogations ne pouvaient, et elles n'y prétendaient d'ailleurs pas, donner toute la profondeur de l'engagement politique, et leurs responsabilités, des femmes et des hommes qui voulurent bien se prêter à cet exercice.

Il n'était alors pas question d'aborder les politiques publiques que les uns et les autres mirent ou contribuèrent à mettre en œuvre comme maires, présidents de collectivités, parlementaires, ministres,

Premiers ministres ou président de la République. Et pourtant elles furent nombreuses, très nombreuses, ces politiques publiques tout au long de ces cinquante dernières années à trouver un début, à tout le moins, de concrétisation. Que ce soit au niveau territorial ou bien au niveau national.

Avec, sur le plan des collectivités locales, cette capacité à s'inscrire dans une histoire longue qui est celle, bien connue et documentée, du « socialisme municipal ». Tradition encore renforcée tout au long de ces dernières décennies au travers le choix de la décentralisation que les socialistes, au parlement notamment, ne cessèrent de porter. Ils furent ainsi les promoteurs de propositions (en 1979 notamment), puis de projets de loi (notamment les lois dites Defferre) qui modifièrent en profondeur l'architecture administrative et politique de notre vieil État centralisé. La capacité du Parti socialiste à se développer, puis à résister, sur ses bases électorales s'est toujours vérifiée. Plus ou moins fortement évidemment. Parfois à l'issue d'alliances qui furent quelques années plus tard, dénoncées par une nouvelle direction nationale. Tel fut, par exemple, le cas des alliances dites « de troisième force » jusqu'en 1973. Même à l'issue de défaites sévères comme lors des municipales de 1983, ou de 2014, le Parti socialiste conservait un nombre de bastions suffisamment conséquent pour lui permettre d'espérer continuer à incarner un devenir national. Avec le risque de confondre succès électoraux locaux et capacité à développer sur le plan national des dynamiques politique et électorale similaires.

Sur le plan national, le bilan politique là aussi, s'il mérite toujours des inventaires, ne saurait être minoré voire oublié : conquêtes sociales nombreuses (congés payés, RMI, retraite, 39 heures puis 35 heures, remboursement de l'IVG, emplois jeunes, CMU, prestation d'autonomie pour les personnes âgées…), réformes économiques structurantes (choix de la construction européenne, lutte contre l'inflation, création de l'euro, CSG…), libertés publiques (abolition de la peine de mort, suppression des tribunaux d'exception, fin de l'homosexualité comme délit, libéralisation des ondes, PACS, mariage pour tous,…), réformes institutionnelles (décentralisation, limitation du cumul des mandats électoraux, quinquennat, reconnaissance de droits pour l'opposition, parité…).

Non, l'objectif était bien plus d'esquisser au travers de chacun de ces entretiens des histoires personnelles de ces militantes et militants socialistes qui prirent corps dans une aventure collective : celle de la création d'un outil politique, de la conquête puis de l'exercice du pouvoir et de la vie interne d'une organisation qui réunissait fréquemment entre un quart et un tiers des suffrages exprimés des Françaises et des Français. Excusez du peu.

Il est parfois aisé de l'oublier mais, même si c'est une idée qui vient de loin, l'histoire du socialisme, ou tout du moins sa transcription électorale, fut loin d'être linéaire. Elle est même plutôt celle d'incessants flux et reflux électoraux. Elle est faite de phases de conquêtes, d'effacements, de renaissances ou de reconstructions. Avec, à chaque fois, des moments d'intenses débats doctrinaux, de profondes controverses stratégiques, d'éminentes batailles pour le leadership ; on dirait aujourd'hui l'incarnation. Rien d'illogique à tout ceci puisqu'après tout, quand bien même les valeurs peuvent demeurer similaires selon les âges, le contexte politique et économique peut conduire à des réponses bien différentes.

Stratégie, doctrine, incarnation. Tel est le triptyque nécessaire à une organisation politique pour imprimer et compter dans la bataille des idées et la lutte électorale. Bataille des idées, lutte électorale afin de s'emparer du pouvoir. Car c'est une autre caractéristique du Parti socialiste, quelle que fut sa dénomination, que de vouloir le conquérir afin de mettre en œuvre les principes en politiques publiques à même de transformer en profondeur les structures économiques, sociales et démocratiques de notre société. « Changer la vie » disait-on dans les années 1970, « Le changement c'est maintenant » dira-t-on quelques années plus tard. Parti de gouvernement donc, comme l'on dit désormais.

Au travers de l'évocation des parcours des uns et des autres, c'est ainsi l'histoire du Parti socialiste qu'il s'agissait d'évoquer. Si la vie politique est certes affaire de structures économiques et sociales, de règles institutionnelles, de mode de scrutin, elle est avant tout une histoire de femmes et d'hommes qui se rencontrent, militent, revendiquent, débattent, et parfois même s'affrontent, portent des programmes lors d'élections locales ou nationales, connaissent des succès enchanteurs et de cruelles défaites. Et c'est peu de dire que l'histoire du Parti socialiste est d'abord et avant tout celle de ces débats, parfois rudes. On se souvient d'ailleurs bien plus de ces moments – notamment lors des congrès, au cours desquels les orientations politiques sont tranchées et les équipes les mettant en œuvre choisies par les militantes et militants au travers de textes d'orientation – que ceux de tranquille félicité. Pour nombre de socialistes, Épinay, Metz, Rennes ou encore Reims sont d'abord des noms renvoyant à des congrès ayant marqué l'histoire de leur organisation plutôt qu'à des villes parfois dirigées par certains de leurs camarades. Ainsi, tout au long de ces entretiens, c'est aussi l'histoire de plusieurs générations qui ont contribué à faire la France ce qu'elle est encore aujourd'hui qui se dessine.

Jean Glavany, après Lionel Jospin, a bien voulu participer à cette aventure. Qu'il en soit ici très chaleureusement remercié. À l'instar de chacune des personnes interrogées, Jean Glavany a accepté de ne revenir qu'épisodiquement sur les politiques publiques qu'il a pu contribuer à mettre en œuvre dans l'ensemble des fonctions qui furent les siennes. Chef de cabinet du premier président de la République issu du Parti socialiste, Jean Glavany fut par la suite maire d'une petite commune de la banlieue de Tarbes dans les Pyrénées-Orientales, terre montagnarde et rude qu'il fit sienne pendant plusieurs décennies. Brièvement conseiller régional, puis et pour de longues années conseiller départemental, Jean Glavany fut l'unique candidat socialiste à conquérir une circonscription en 1993, 5 ans après avoir échoué de très peu. Auparavant ministre, il le redevient lors du quinquennat de Lionel Jospin avec lequel il entretenait de longue date des relations amicales. Il fut tout au long de cette période l'une des voix écoutée du Parti socialiste. Et développa par la suite une appétence toute particulière pour la question de la laïcité, sur laquelle il revient longuement et précisément. Cet ouvrage est le fruit de cet échange, certes remanié et complété à certains égards pour la transcription écrite, mais demeurant fidèle à l'objectif assigné : donner à voir au travers d'un parcours personnel ce qui fut une aventure collective.

Entretien avec Jean Glavany

Émeric Bréhier. *Bonjour Jean.*

Jean Glavany. Bonjour Émeric.

Merci à toi d'accepter de venir témoigner et d'évoquer avec nous ton parcours, ton long parcours politique.
Comme pour les autres entretiens, évidemment on ne va pas aborder l'ensemble des sujets, sinon ça nous prendrait beaucoup de temps. On va se focaliser sur 2-3 sujets qui nous apparaissent importants dans ta trajectoire.
Et, pour tout de suite commencer, je voudrais d'abord que tu évoques avec nous, non pas l'entier de ta relation avec François Mitterrand, mais la manière dont ça a commencé. Et ces années un peu particulières que tu as connues avec lui qui sont celles de la conquête du pouvoir, donc avant 1981, et ensuite le fonctionnement un peu de cette machine un peu bizarre, élyséenne, et d'autant plus

bizarre que c'était la première fois qu'il y avait un homme de gauche qui accédait à l'Élysée, en tous les cas sous la Ve République. Donc, en quelque sorte, les ors du palais étaient totalement inconnus et ne faisaient même pas partie de la culture politique des hommes et des femmes qui y sont arrivés suite à la victoire du 10 mai.

Prenons les choses dans l'ordre : à la fin de mes études secondaires, je suis un jeune homme qui n'a pas de vocation professionnelle, mais qui sait juste qu'il travaillera « dans la sphère publique » : c'était, je l'imagine, le fruit naturel de mon histoire familiale, mes deux grands-pères étaient fonctionnaires, l'un au ministère de l'Agriculture, l'autre à celui du travail et mon père pilote militaire, officier de l'armée de l'air. Mais c'était aussi l'expression d'une conviction : je ne pourrais pas consacrer ma vie professionnelle à un produit, une marque, un patron… Je fais donc des études d'économie, après ma licence je ferai un doctorat de spécialité en d'économie urbaine, une licence de socio, tout cela à la fac de Nanterre (où j'arrive en 1968 !) et Sciences Po à Paris. Pendant les dernières années de mes études je suis prof d'économie dans des lycées de la région parisienne, à Lagny, Enghien, Goussainville, des lycées et des publics scolaires pas toujours faciles. Pour tout te dire je vis alors des années formidablement insouciantes, je fais mes études tout en travaillant dans divers boulots, je joue au rugby, je fais de la voile en Bretagne (ces deux sports vont énormément marquer ma vie) … merveilleuse période.

En même temps, j'approche de la politique : à Nanterre, je vis au milieu de gauchistes mais, malgré les sollicitations, je ne mords pas à l'hameçon : je suis de gauche mais pas révolutionnaire, je déteste le désordre et la violence. J'ai détesté les violences de Mai 68 et aurais pu virer gaulliste… d'ailleurs mon père fut longtemps un gaulliste de gauche. Mais je suis de gauche et, tout naturellement, j'adhère au Parti socialiste, en 1973, au soir du deuxième tour des législatives perdues par la gauche : avec quelques copains, devant notre poste de télévision pour la soirée électorale, on décide de s'engager. Je vis dans un grenier du 9e arrondissement tout près de la cité Malesherbes. Et le secrétaire de la section, un vieux monsieur qui s'appelait Garnier-Tenon, ne m'a pas accueilli avec spontanéité et chaleur ! On verrouillait déjà bien les appareils à l'époque…

Et un de mes anciens professeurs à Sciences Po, qui s'appelait Philippe Brongniart, me propose de rentrer comme chargé de mission à la direction de la construction au ministère de l'Équipement et du Logement. De là date mon engagement et ma passion pour le logement social, que je vis toujours aujourd'hui puisque je suis encore vice-président (après en avoir été longtemps président) d'un office HLM et que je préside une coopérative de logement HLM. Dois-je préciser que tout cela est du bénévolat ?

Mais je m'aperçois très vite que c'est difficile pour un militant socialiste de servir loyalement un gouvernement qu'il combat : au moment où Barre, Premier ministre, fait la réforme du financement du logement, que je conteste et que je combats politiquement, comme fonctionnaire chargé de mission à la direction de la construction je suis au service de cette réforme.

J'ai donc vécu cette espèce de schizophrénie qu'ont connue beaucoup de fonctionnaires, militants politiques de tout temps et de tous bords, de droite sous les gouvernements socialistes, et de gauche sous les gouvernements de droite. C'est à ce moment qu'une opportunité se présente, qui va réorienter ma vie professionnelle dans un sens inattendu et, à beaucoup d'égards, inespéré. Nous sommes en 1975 et le président de l'Assemblée nationale décide de créer le corps des assistants parlementaires. Jusque-là les parlementaires n'avaient pas d'assistants, ils disposaient d'une indemnité de secrétariat pour payer une ou deux secrétaires, mais pas de corps d'assistants.

Et le groupe socialiste, qui est à ce moment-là présidé avec autorité par Gaston Defferre, décide de mutualiser les contrats d'assistants parlementaires des grands élus, cumulards de mandats, ceux qui sont aussi présidents de régions, présidents de départements, ou maires de grandes villes, pour former un pool : les assistants du groupe parlementaire ne sont pas affectés à un député mais à la disposition de tous les députés du groupe sur un secteur donné.

Je vois là une opportunité formidable et je pose ma candidature. Celle-ci ayant fait l'objet d'une première sélection sur dossier, je suis reçu par un jury dans lequel il y avait Pierre Joxe à qui me liera assez vite une belle amitié politique et qui sera ensuite un grand ministre de l'Intérieur, André Chandernagor, lui aussi futur ministre, et Jacques-Antoine Gau, député de l'Isère, spécialiste des affaires sociales et des dossiers de santé, disparu en… mai 1981. Je suis sélectionné et embauché sur le dossier « Équipement, logement, transports, aménagement du territoire, sports et loisirs », et je deviens assistant du groupe parlementaire en 1975.

Pour répondre précisément à ta question, en adhérant en 1973 au PS dont François Mitterrand était le Premier secrétaire, j'avais fait le premier pas du parcours me menant à lui : un pas politique. En 1975, je fais un deuxième pas à la fois professionnel et, en quelque sorte, physique : je me rapproche de Mitterrand parce que je suis assistant à la disposition d'un groupe de 120 députés, dont un certain député qui est aussi président du Conseil général de la Nièvre… Parallèlement, je continue mon parcours au sein du Parti socialiste et, après avoir adhéré dans le 9e arrondissement, je déménage pour Issy-les-Moulineaux où j'ai passé mon enfance, où mes parents habitent, où mon frère a un cabinet médical, où je me marie, et je deviens assez vite secrétaire de section, dans les années 1970.

En 1979, je suis candidat aux élections cantonales à Issy donc, dans un canton de droite. J'avais déjà été candidat en 1977 aux municipales, sur une liste conduite par un député communiste très connu, qui s'appelait Guy Ducoloné, une « figure » parce qu'il avait été déporté et qu'il était le mari de Madeleine Vincent, autre figure – plus bureaucratique – du PC. Et on avait perdu d'extrême justesse. Les élections avaient été annulées et refaites en 1978 dans une ambiance de division de la gauche après la rupture sur l'actualisation du programme commun. On a quand même fait une liste d'union de la gauche, mais on a perdu et même pris une raclée.

Donc j'avais perdu deux fois aux municipales, et une autre fois aux législatives, comme suppléant, en 1978 dans la circonscription détenue par Ducoloné justement. En 1979 donc, je suis candidat aux cantonales à Issy-les-Moulineaux. Et comme je suis à l'Assemblée, assistant du groupe vivant au quotidien avec les permanents du Parti socialiste dont le siège était alors place du Palais Bourbon, j'arrive facilement à passer un mot au secrétariat de François Mitterrand en disant que j'aimerais bien qu'il vienne me soutenir. Et il accepte, ce qui va être sans doute le « déclic » de notre relation politique, professionnelle et, j'ose le dire, affective.

Il vient donc faire une réunion fin février ou début mars 1979, et ça se passe très bien dans un préau d'école au métro Corentin-Celton, à Issy-les-Moulineaux, qui est bourré à craquer. J'ai gardé des photos de cette soirée mémorable. Premier contact personnel, mais intime, lors duquel j'entends ce chef du Parti socialiste et de la gauche faire mon éloge public. Évidemment, parce qu'il était là pour me soutenir et faire voter pour moi ! Mais enfin, on sait ce que c'est que l'ego, surtout quand il est flatté de telle sorte…

Et voilà le troisième pas du chemin qui me menait vers lui, un chemin non pas fruit de ma volonté, mais d'une succession de hasards : le lendemain matin, François Mitterrand prend un petit-déjeuner avec Joxe et Jospin, et leur dit :

— Au fait, ça fait des mois que je vous demande d'embaucher un collaborateur au Parti, pour moi.

Et Joxe et Jospin répondent d'une seule voix :

— Mais enfin tous les collaborateurs du Parti sont vos collaborateurs, puisque vous êtes Premier secrétaire, qu'est-ce que c'est que cette histoire ?

— Oui, mais vous ne comprenez pas ce que je veux dire, je voudrais quelqu'un qui réponde à mon courrier personnel, puisse recevoir des gens en mon nom, puisse m'accompagner, puisse faire des missions un peu personnelles et confidentielles, ou politiques que je voudrais lui confier, etc. quelqu'un attaché à moi, personnellement.

Alors Joxe et Jospin lui disent :

— Mais dites-nous qui vous voulez embaucher, et on l'embauche, ce n'est pas un souci, on s'en occupe.

Et Mitterrand dit :

— Qu'est-ce que vous pensez du jeune Glavany que je suis allé soutenir hier soir à Issy-les-Moulineaux ?

Et Jospin et Joxe qui me connaissaient déjà assez bien et avec qui j'avais des relations très chaleureuses, ont répondu : « Très bonne idée ! »

Quelques jours après je suis convoqué, si j'ose dire, rue de Bièvre dans le fameux « pigeonnier », le fameux « bureau perché » du domicile du futur Président, et je me retrouve face à ce leader de la gauche avec qui j'avais fait connaissance quelques jours avant dans ce meeting et qui me dit : « Voilà, est-ce que vous accepteriez de travailler pour moi ? »

J'étais allé à ce rendez-vous sans savoir pourquoi, plutôt intrigué : que me voulait donc le Premier secrétaire ?! Et il me demande ça. Je suis désarçonné.

Pour faire bonne figure, je pose plein de questions : mais où, pour faire quoi, avec qui, quand, comment… J'ai dû même dire « combien » ! (Je me souviens de sa réponse sur ce dernier point : « Vous verrez ça avec Joxe. ») Des questions qui, aujourd'hui, me paraissent invraisemblables. Évidemment, j'ai accepté.

J'ai commencé le lendemain dans un petit bureau au dernier étage du siège du Parti, place du Palais Bourbon avant qu'on déménage pour la rue de Solférino. Et j'ai commencé à régulièrement l'accompagner dans la Nièvre, dans les fêtes de la rose – presque tous les dimanches, ce qui n'est pas idéal pour la vie de famille ! –, pour des meetings de soutien à des candidats socialistes dans des élections partielles. Et ces deux années avant la victoire de 1981 ont été pour moi une période très jubilatoire parce que lorsqu'on se déplaçait, le plus souvent, on n'était que deux : lui et moi, sans autre accompagnateur, ou très rarement.

Le plus souvent, on prenait le train. Mais pour de courtes distances, le Parti a très vite embauché un chauffeur qui est arrivé pas très longtemps après moi, Pierre Tourlier, et on partait avec le chauffeur, Mitterrand et moi.

Mais quand on partait en train ou en avion, on se débrouillait avec des voitures de militants ou d'élus, ce qui nous a valu quelques situations cocasses, avions détournés pour raisons météorologiques, trains arrêtés, voitures égarées, sans téléphone portable ni GPS bien sûr. Il fallait se débrouiller. En particulier je me débrouillais pour lui car ça faisait partie de ma mission et que c'est quelque chose que je sais plutôt bien faire.

J'ai donc vécu deux ans d'intimité formidable avec lui qui se sont terminés par la campagne de 1981. Campagne de 1981 à laquelle je participe à ses côtés, c'est-à-dire que je fais toute la campagne du début à la fin à ses côtés, pour régler tous les problèmes qui se posaient, passer tous les messages qu'il fallait passer, vers le candidat ou de sa part, faciliter autant que se peut les « choses de la vie » d'une campagne aussi lourde et intense pour un candidat, *a fortiori* s'il joue la victoire, un peu homme à tout faire, comme un chef de cabinet.

Le bras droit à qui on confie… qui doit gérer ce que personne ne veut gérer.

Voilà, témoin en première loge de plein de confidences ou de réflexions, d'anecdotes et de choses vécues.

Excuse-moi, je te coupe, Jean… Et pourtant ce sont deux années qui ne sont pas si simples pour François Mitterrand. Aujourd'hui, quand on regarde ça, on se dit qu'il y a une espèce de logique, 1971, alors on peut même remonter avant, 1965, 1971… 1980… Mais il n'y a pas de logique en réalité. En tous les cas ce n'est pas une démarche victorieuse, sans ani-

croches. Et, en 1979, les élections européennes ne sont pas très bonnes pour le Parti socialiste. 1980, il y a quand même une certaine rivalité...

C'est bien que tu évoques ça. D'abord il faut rappeler que l'élection de 1981, qui reste dans l'imaginaire collectif comme la première grande victoire de la gauche contemporaine, s'est déroulée dans la plus grande division ! La stratégie de rassemblement de la gauche traduite par les candidatures uniques de François Mitterrand aux présidentielles de 1965 et 1974 et par l'accord programmatique entre les partis de gauche, le programme commun de 1972, a commencé de se lézarder singulièrement à partir de 1975 comme l'a très bien démontré Lionel dans son récent entretien avec toi, et s'est brisée fin 1977, après une formidable victoire aux municipales, sur un exercice inattendu : l'actualisation du programme commun... et l'accusation du PC sur le soi-disant « virage à droite » du PS à laquelle répond le message de Mitterrand « tenir bon et être unitaire pour deux ». Et l'élection présidentielle de 1981 va se traduire par une multiplicité de candidatures à gauche : Mitterrand, Marchais mais aussi Crépeau pour les radicaux, Huguette Bouchardeau pour le PSU, Brice Lalonde pour les écologistes... Sans parler, bien sûr des candidats de l'extrême gauche. Division. Ce qui en dit long sur les débats actuels quant au nécessaire rassemblement de la gauche. Si j'ose dire c'est moins une question de nombre de candidats que de construction d'une force d'entraînement.

Cela m'amène naturellement à la situation interne du PS à l'époque et ce que tu appelles « une certaine rivalité » qui est bien plus qu'une certaine rivalité. Ces deux années, 1979 et 1980, représentent aussi une période de grande tension interne au PS. On l'a oubliée et tu as raison d'y revenir. Je l'ai vécue de très près. Cette tension est née le soir de la défaite aux législatives de 1978 avec la fameuse déclaration de Rocard selon laquelle « un certain archaïsme » avait été condamné par les électeurs. Feu aux poudres… et tension naissante dans la préparation du congrès de Metz, prévu pour 1979, soit un an après ces législatives perdues et deux ans avant la présidentielle suivante. Tension confirmée par le dépôt d'une motion de Michel Rocard pour ce congrès, « contre » celle de Mitterrand : on allait se compter devant les militants. Ce congrès de Metz du Parti socialiste au printemps 1979, juste après que je commence à travailler pour lui et que Mitterrand remporte (il n'y a pas de lien entre les deux !), fut un « vrai » congrès avec un vrai débat politique entre la « ligne de rassemblement de la gauche », celle de Mitterrand, et celle de Rocard, plus porté vers l'ouverture à la « société civile » et, implicitement, à la « troisième force ». Débat stratégique s'il en est qui, selon moi, a ouvert la voie à la victoire de 1981. Après ce congrès, François Mitterrand met en place une direction de sabras dans laquelle il y a Jospin numéro deux, Joxe trésorier, Fabius comme porte-parole, Quilès aux fédérations, etc. : ses fidèles. Il reste que Michel Rocard a fait un tiers des voix, que Mauroy l'a soutenu au congrès, et qu'il y a une très grande tension au sein du PS. Mais cette tension est avivée par une extraordinaire campagne d'opinion.

À quoi fais-je allusion et qui est passé aux oubliettes de l'histoire ? Au fait que, pendant un an, toutes les semaines sortait un sondage qui disait que Mitterrand était le pire des candidats possibles pour les socialistes et la gauche, qu'il ne serait jamais élu, qu'il n'y avait qu'un candidat possible si la gauche voulait gagner, c'était Rocard. Toutes les semaines.

Et évidemment, les journaux, la presse de gauche ou de centre-gauche, du *Monde* à *L'Obs* en passant par *Le Matin de Paris* créé en 1977 par Claude Perdriel, soutenaient implicitement – mais parfois très explicitement ! – Rocard et amplifiaient cette campagne sur le thème : « Mais regardez, il y a un candidat qui va gagner et battre Giscard, et l'autre qui sera battu à plate couture. » Les sondages étaient ahurissants, en défaveur de Mitterrand. Ça a pris des proportions incroyables.

Dans l'opposition entre Mitterrand et Rocard, je me souviens d'un sondage que j'ai gardé d'ailleurs : « Si vous deviez confier votre enfant, votre fils, votre fille à son grand-père pour un week-end, qui choisiriez-vous : Rocard ou à Mitterrand ? » Le résultat était du genre : Mitterrand 10 %, Rocard

90 %. Ça allait jusqu'à ce point. C'était ahurissant. La gauche, si elle voulait gagner, ne pouvait pas choisir Mitterrand. Pourquoi insister sur cette période ? D'abord pour restituer la victoire de 1981 dans son contexte politique de la gauche : on a dit tout à l'heure « désunion de la gauche » et il faut ajouter maintenant « contestation interne au PS » et « campagne d'opinion très virulente ». Mais aussi parce qu'il faut imaginer l'état d'esprit du militant ou du sympathisant socialiste à ce moment-là ! Tu imagines les militants et sympathisants mitterrandistes ? Il fallait être solide, s'accrocher.

Et Mitterrand, par rapport à ça, garde un silence terrible, total, absolu.

Rien ne transparaît.

Il n'y a rien qui transparaît, y compris pour ses plus proches. Je me souviens d'une réunion, fin septembre-début octobre 1980, organisée par Jacques Attali qui s'était « auto-intitulé » comme ça « directeur de cabinet de François Mitterrand ». Quand je dis « auto-intitulé » je ne galèje pas : je me souviens de Serge Moati, le cinéaste et réalisateur de télé, grand fidèle de la gauche qui, à l'époque, rencontre Mitterrand qui lui demande ce qu'il devient et ce qu'il fait. « Je travaille à votre cabinet » répond Serge. Mitterrand le regarde éberlué et lui dit : « De quoi me parlez-vous ? Je n'ai pas de cabinet »...

Attali avait réuni une équipe dans laquelle il y avait des gens, qui sont devenus des amis pour moi, qui le restent quand ils ne sont pas morts comme Jean-Claude Colliard, je pense à Serge Moati donc, Maurice Benassayag, ou Jean-Martin Cohen-Solal et d'autres, et puis des gens qui étaient des amis d'Attali et qu'on n'a plus jamais revus après, qui étaient des chefs d'entreprise ou des conseillers... bref, des hommes du privé.

Attali nous réunissait tous les jeudis et je me joignais à ce « cabinet », qui n'en était pas un, parce que du coup j'étais le seul membre du cabinet officiel du Premier secrétaire au siège du Parti, et Jacques avait dit : « Donc tu ne peux pas ne pas y venir. »

Attali ajoute : « Même si ce n'est pas moi qui t'ai choisi, tu as cette fonction, je te signale qu'il y a un cabinet qui existe, donc ça serait bien que tu viennes. » Curieuse entrée en matière... Mais ça permettait aussi d'avoir quelques infos comme tu dis, alors j'y suis allé.

Et, je me souviens de cette réunion de début octobre 1980 où Jacques Attali – il y a encore des témoins vivants pour le raconter – est arrivé en disant : « Je sors d'un petit-déjeuner avec François Mitterrand, c'est sûr, il ne se présentera pas. » Et il répète : « C'est sûr, il ne se présentera pas. » Stupeur et abattement autour de la table. Moi, mon interprétation, c'est que François Mitterrand, qui savait mieux que quiconque qui, dans son entourage, ne savait pas se taire et parlait beaucoup à l'extérieur, et à qui il ne confiait rien de confidentiel, savait aussi, à l'occasion, se servir d'eux pour propager et crédibiliser ainsi des fausses pistes… on est, je le rappelle, un ou deux mois avant qu'il ne se déclare.

Et donc les choses ne se débloquent que fin novembre 1980, lors d'un comité directeur, où le président du comité directeur, qui doit être Louis Mermaz, lit un petit message de François Mitterrand disant : « Je vous autorise à présenter ma candidature aux militants. »

Et Rocard, qui avait pris l'engagement de ne pas être candidat contre François Mitterrand lors du congrès de Metz, et bien qu'il ait déclaré sa candidature entre-temps dans une déclaration célèbre faite de la mairie de Conflans-Sainte-Honorine, qui n'avait pas été très réussie médiatiquement, techniquement et, *in fine*, politiquement, se retire. Mais, ça, c'est fin 1980, après un an et demi de cette campagne d'opinion terrible, très violente. Au point que, parmi les meilleurs soutiens de Mitterrand certains se disaient : « Mais jamais il ne va pouvoir se présenter. »

Mais quand tu faisais justement toutes ces tournées provinciales avec François Mitterrand, c'est-à-dire de soutien à un candidat, d'aller voir les militants, etc., dans ces fêtes de la rose par exemple, est-ce que vous ressentiez également cette interrogation sur la candidature de François Mitterrand ? Ou, au contraire, elle n'existait pas en réalité, cette interro-

gation ? En tous les cas, elle n'existait pas au sein du Parti socialiste ?

Si, elle existait. Elle existait profondément. Même si, je le reconnais, elle ne s'exprimait pas dans ces manifestations publiques où l'enthousiasme allait croissant. Il y a un épisode qui a joué un rôle déterminant à cet automne 1980 : après les sénatoriales de septembre, une série de législatives partielles est organisée en novembre dans 6 ou 7 circonscriptions dont les députés sortants, tous de droite, étaient partis « s'abriter » au Sénat. C'est un souvenir très marquant pour moi car nous sommes partis une semaine avec Mitterrand pour une « tournée électorale » dans toutes ces circonscriptions. Nous étions trois car Pierre Favier, journaliste de l'AFP, qui est devenu par la suite un historiographe talentueux des deux septennats et, accessoirement, un très bon ami, accompagnait Mitterrand avec moi : de mémoire, Doubs, Ardèche, Aveyron, Cantal, Dordogne, Gironde, etc. D'abord un souvenir humain magnifique puisque nous sommes partis tous les trois dans une petite « bulle » faite de trains, voitures de militants, déjeuners ou dîners d'élus et de cadres du parti, meetings chaleureux, longs échanges avec la presse, hôtels de province, petits-déjeuners intimes, confidences précieuses… et tournée électorale prémonitoire : les salles étaient archipleines et enthousiastes et les résultats furent très bons. Je crois que l'UDF perdit 3 sièges (2 pour le PS et un pour le

RPR), ce qui dans des circonscriptions historiquement de droite était plus que satisfaisant, annonciateur… partout le PS progressait spectaculairement !

Donc ce n'était pas une création des sondages d'opinion, etc. ? Il y avait quelque chose quand même malgré tout de tangible ?

La tension que nous évoquions plus haut, née de la déclaration de Rocard le soir des législatives de 1978, poursuivie par la compétition du congrès de Metz et accompagnée par cette campagne d'opinion intense qui a duré plus d'un an, était très tangible ! Mais elle s'est arrêtée net en novembre 1980, avec l'annonce de la candidature de François Mitterrand, le retrait de Rocard et ces élections partielles.

En 1988, à la fin du premier septennat, Rocard était toujours prêt à prendre le relais mais sans aucune tension. Mitterrand, président sortant était le candidat naturel et Rocard le « plan B ». Et d'ailleurs, Mitterrand, quand il évoquait l'hypothèse de ne pas se représenter en 1988, disait : « Mais ça sera Rocard puisqu'il est en situation, le Parti le choisira. »

Et en 1988, encore, jusqu'au dernier moment il a maintenu le secret et évoqué dans certains cercles les deux hypothèses jusqu'au dernier moment. Même s'il faut reconnaître que le doute était beaucoup moins répandu autour de lui qu'en 1981 ! Je me souviens de septembre 1987 quand Jospin, Premier secrétaire du PS, rend visite à Mitterrand à Latche pour évoquer avec lui la période de pré-campagne avec deux points à l'ordre du jour : comment « traiter » Rocard, au sens bien se conduire avec lui, et avec qui prendre des mesures matérielles de précaution (réserver des salles, trouver un siège, commander du papier…). À cette question le Président lui avait répondu « voyez ça avec Glavany ».

Mais dans les deux cas, la volonté de Mitterrand de ne pas se prononcer et de laisser l'équivoque, je l'ai analysée comme une volonté farouche de maintenir sa liberté personnelle de choix, jusqu'au dernier moment.

Il y a eu comme ça quelques épisodes dans sa vie et, en particulier pendant sa présidence, où nous l'avons entendu dire : « Mais si j'ai le choix, contrairement à ce que vous dites » et là, par exemple, « bien sûr que j'ai le choix de ne pas y aller ou de me représenter ».

C'est mon choix, c'est ma liberté.

Oui, toujours l'obsession de sa liberté personnelle. Prenons un autre exemple qui me semble particulièrement édifiant quant à cet état d'esprit : au moment de ce qu'on a appelé « le grand choix de l'Europe » en 1983, autour de la décision de rester ou pas dans le serpent monétaire, grand choix majeur. Tout le monde, parmi ses collaborateurs à l'Élysée, à Matignon, aux Finances, disait autour de lui : « Vous ne pouvez pas ne pas rester dans l'Europe, *there is no alternative*, il n'y a pas d'autre solution. » Mitterrand détestait ce genre de présentation des choses qui ne lui laissait aucun choix : si, il y avait une alternative. Et, d'une certaine manière, il l'a fabriquée… c'est-à-dire qu'il a veillé personnellement à crédibiliser un autre choix qu'ont incarné notamment Jean Riboud, un grand patron de ses amis, mais aussi Fabius et Bérégovoy même si ces deux derniers ont, *in fine*, changé d'avis, et d'autres encore, jusqu'au moment où il a pu dire : « Vous voyez, j'ai le choix. »

Donc, en 1981, jusqu'au dernier moment il maintient le suspense, et beaucoup sont inquiets autour de lui. En 1988, il maintient de nouveau le suspense et j'ai souvenir de nombreuses conversations avec des élus ou des amis lors desquelles il évoquait son âge, sa santé son usure, la volonté de ne pas faire le combat de trop, parfois même son manque d'envie. Il martelait aussi beaucoup l'idée que « s'il était sûr que le Parti socialiste pouvait gagner avec quelqu'un d'autre que lui, cela le soulagerait beaucoup ». Mais, je ne sais trop pourquoi, autour de lui il y avait moins d'inquiétude. Y compris parce qu'il n'y a pas d'alternative crédible en face, ni de campagne d'opinion qui aurait martelé : « Il ne peut pas se représenter parce qu'il va être battu face à Chirac. » À l'époque tous les sondages disaient, au contraire, qu'il avait toutes les chances d'être réélu.

Durant deux ans et demi, tu accompagnes François Mitterrand partout. Ensuite, on va y revenir, tu deviens son chef de cabinet une fois qu'il est élu. Mais avant de devenir son chef de cabinet, faut-il encore qu'il soit élu. Tu es évidemment près de lui le fameux soir du 10 mai. Comment ça se passe ? Quelle est l'ambiance ? Parce que tu disais fort justement tout à l'heure que François Mitterrand n'adorait rien de plus que, un, garder sa liberté et, deux, qu'il était finalement assez avare de confidences. Et donc ce moment spécial quand même du soir du 10 mai où certes tu peux t'y attendre, mais tu gagnes enfin l'élection présidentielle, comment…

D'abord, revenons sur ton affirmation selon laquelle « on pouvait s'y attendre » : c'est vrai qu'en 1981 il y a une ambiance de campagne qui est très dynamique et très, non pas euphorique, mais de confiance croissante. Je me souviens du dernier jour : on a fait trois meetings, ça se termine à une heure du matin à Nantes, il y a des dizaines de milliers de personnes, ça déborde de partout… du début à la fin, la campagne avait « pris ». Donc on est plutôt confiants. On est clairement plutôt confiants.

Le 10 mai, on est parti de la rue de Bièvre à 9 h 30 ou 10h en voiture, un cortège de plusieurs voitures, 2 ou 3 voitures.

Parce que là tu n'es plus tout seul avec lui.

Non, il y a la famille, en tout cas celle qui vote à Château-Chinon, Danielle Mitterrand, Christophe son fils (l'autre fils, Gilbert vote à Libourne où il milite et dont il deviendra maire plus tard), Christine Gouze-Rénal, la sœur de Danielle et son mari Roger Hanin. On part à deux ou trois voitures. Et ils votent vers 12 h 30.

Nathalie Duhamel, l'attachée de presse, s'arrachait les cheveux parce qu'elle avait annoncé qu'il voterait à 11 h 30 mais il est parti avec un peu de retard, beaucoup même. Après le bureau de vote à la mairie, on déjeune à l'hôtel du Vieux Morvan, chez ses vieux amis fidèles, Jean et Ginette Chevrier, où il avait « sa » chambre depuis des années et qui, ce soir-là, devait être un peu son quartier général. Déjeuner avec quelques élus de la Nièvre, de Château-Chinon, quelques amis qui sont venus là, mais en nombre limité, et la famille. On est une quinzaine à table.

Et l'après-midi, il emmène marcher tous les journalistes qui étaient nombreux à Château-Chinon : la presse française et internationale, dont un groupe de journalistes politiques français qui suivaient le PS depuis quelques années et, donc, qui avaient suivi la campagne de François Mitterrand au jour le jour et qui, ensuite, suivront la présidence et dont Pierre Favier, de l'AFP était un peu le capitaine d'équipe. Il les emmène marcher et faire le tour de Château-Chinon, leur montrer les réalisations dont le maire, qu'il était encore à ce moment, était particulièrement fier.

Et puis arrive la fin d'après-midi, après qu'il est allé se reposer et passer quelques coups de fil dans sa chambre, à partir de 18h, dans cette salle du restaurant de l'hôtel, on a poussé toutes les tables : c'est devenu une salle de réception. Mitterrand passe d'un groupe à l'autre. Mais là il y a, je dirais, 40 ou 50 personnes. Parce que le dépouillement est en cours y compris à la mairie de Château-Chinon.

Quant à moi, je suis dans la chambre numéro 15, qui était la chambre de François Mitterrand quand il venait à l'hôtel du Vieux Morvan, une chambre extrêmement simple, petite, avec un lit, une table dans un coin. On avait même fait mettre une ligne directe là, et j'attendais le coup de fil du Parti.

Vers 18 h 25-30, je reçois un coup de fil de Lionel Jospin qui me dit :

> Tu peux dire à François Mitterrand qu'il est élu, que tous les instituts de sondages le donnent gagnant avec plus de 51 %. Et que, pour eux, il n'y a plus de chance d'erreurs, avec tous les bureaux témoins qu'ils ont et les sondages : tout concorde, il est élu.

Mon cœur bat à toute vitesse. Je dévale l'escalier, heureusement il n'y a qu'un étage. J'arrive dans la salle et François Mitterrand est en train de parler avec un groupe de trois ou quatre personnes, dont –

c'est le seul dont je me souvienne – Ivan Levaï, journaliste, qui à l'époque était l'époux d'Anne Sinclair, présente également ce jour-là.

Mitterrand leur parlait de la forêt du Morvan, un long raisonnement que j'ai entendu, en trois ans, déjà quatre ou cinq fois, et que j'entendrai peut-être dix fois dans ma vie, selon lequel la beauté d'une forêt de lumière faite de hêtres et de chênes est ravagée par la loi du profit qui petit à petit remplace les hêtres et les chênes par des résineux, rendant forêt plus sombre, parce qu'ils sont plus rentables.

J'arrive près de lui et je l'entends engagé dans cette longue tirade. Il parle, je n'ose pas l'interrompre, question d'éducation : on n'interrompt pas les gens qui parlent. Donc j'attends, je suis à côté de lui, mais mon cœur bat de plus en plus fort, mon secret me pèse de plus en plus lourd et puis, au bout de deux minutes qui me paraissent deux heures, il s'arrête. Je me penche vers lui et dans son oreille je répète mot pour mot ce que m'a dit Jospin. « Voilà, Lionel Jospin vient d'appeler, il m'a dit que vous êtes élu parce que… »

Pas à une ride ne bouge sur son visage. Pas une ride, pas une expression. Et il se tourne vers moi et me dit : « Bon, nous verrons ça. » Et il se retourne vers eux et reprend son raisonnement sur la forêt du Morvan ! Mais Ivan Levaï l'interrompt : « Non, non – je me demande même s'il n'a pas dit “on s'en fout de la forêt du Morvan !” – mais qu'est-ce qui vient de vous dire le jeune Glavany ? Parce qu'il est 18 h 30 maintenant… »

Mitterrand est décontenancé par cette interpellation, et à ce moment-là il y a une autre journaliste, Danielle Molho du *Point*, qui rentre dans la salle en criant : « Vous avez gagné ! Vous avez gagné ! » Là, le délire commence et il n'y a plus de secret.

Et le reste de la journée, c'est une espèce de soirée de folie que tu imagines : nous sommes partis de Château-Chinon vers 22 h 30, après son allocution depuis la mairie – texte dont l'élaboration collective fut un fiasco ce qui l'obligea à la rédiger lui-même – et, après deux heures et demie de route, une arrivée au siège du PS vers une heure du matin. Ni lui ni nous n'avons connu la fête de la Bastille ! Mais au péage de l'autoroute à Avallon, une escorte de motards nous attendait, premier signe extérieur d'un changement manifeste…

À l'issue de cette soirée de folie, tu arrives à l'Élysée. Changement un peu de décor quand même que de passer de la place du Palais Bourbon, de la rue de Bièvre, des fêtes de la rose provinciales, etc., qu'on a tous faites bien sûr, et là tu rentres dans les ors de l'Élysée, et tu as 32 ans, ça doit faire un peu bizarre. Et puis c'est la première fois. On l'a oublié mais c'est la première fois depuis 1958 que la gauche gagne, donc il y a dans ce moment un aspect tellurique.

Un aspect tellurique que nous vivons très concrètement et que je vis au sein de la toute première équipe, le premier noyau dur réuni par François Mitterrand le lendemain de sa prise de fonction, le jeudi 21 mai. Le vendredi 22, nous sommes réunis à la demande de François Mitterrand. On a reçu un carton la veille, pendant le déjeuner officiel à l'Élysée, disant : « Réunion dans le bureau du président de la République, demain à 9 heures. »

Et on est neuf, avec François Mitterrand, ça fait dix : Pierre Bérégovoy, André Rousselet, Jacques Fournier, Michel Charasse, Jean-Claude Colliard, Hubert Védrine, Michel Vauzelle, Nathalie Duhamel et moi, ça fait neuf. Six sur dix sont disparus aujourd'hui… Et là il nous dit : « Voilà, Bérégovoy sera secrétaire général, Jacques Fournier secrétaire général adjoint, André Rousselet sera directeur de cabinet, Jean-Claude Colliard directeur adjoint… » Il nous énonce nos attributions. Et j'apprends là que je serai chef de cabinet du Président de la République.

Tu ne le sais pas ce moment-là ?

Non, on ne savait rien. Vraiment. Il n'a fait de promesse ni d'annonce à personne. Il avait parlé à Mauroy, qui savait depuis plusieurs mois qu'en cas de victoire il serait Premier ministre, et à Bérégovoy qui le 11 mai avait été chargé de mettre en place une « antenne présidentielle », rue de Solférino, entre le siège du Parti et la Seine dans un grand appartement de rez-de-chaussée, dont plusieurs d'entre nous faisaient déjà partie et où régnait une atmosphère étonnante tant nous étions soumis à des sollicitations incroyablement diverses, mais c'est tout. Quand on arrive à l'Élysée, on ne sait pas du tout ce qu'on va faire.

On sort de cette réunion – qui a un caractère un peu historique: Mitterrand détestait la « réunionnite » et, de plus, considérait qu'un cabinet ça n'avait pas d'existence légitime en tant qu'ensemble. Ce fut donc la seule et unique réunion du Président avec son cabinet... –, on se retrouve dans un palais qui va être notre lieu de travail pendant des années, et qu'on ne connaît pas. C'est un lieu que tu connais, qui n'est quand même pas un immeuble de bureaux fonctionnel avec des ascenseurs et des *open spaces*, de la transparence et des nouvelles technologies. C'est un vieux palais, chargé d'histoire, très bien entretenu, où tous les bruits sont étouffés, où les bureaux sont dispersés dans les deux ailes.

Toujours d'ailleurs.

Oui, c'est toujours le même cadre, même si la fibre est arrivée avec les nouvelles technologies et beaucoup d'audiovisuel, mais à l'époque on n'en était qu'aux balbutiements. On a commencé à prendre des bureaux mais on ne savait pas lesquels. Après quelques hésitations, on a compris que chaque fonction avait un bureau « équipé » pour elle, un bureau attitré. On s'installe dans ces bureaux mais… on ne savait pas comment ça marchait ! Tous ces téléphones, ce clavier avec une quarantaine de touches, l'interministériel[1], le régis[2]…

On a été très vite confrontés à des problèmes de gestion matérielle et humaine incommensurables, pour nous. On était dans le palais le plus prestigieux de la République et on ne savait pas comment faire pour travailler.

Et d'autant plus que dans les neuf de la toute première équipe, aucun n'avait jamais exercé le pouvoir. À part François Mitterrand, aucun. Pierre Bérégovoy, secrétaire général de l'Élysée, était un ancien ouvrier du gaz, avec deux CAP comme diplômes. Rousselet dirigeait les taxis G7, Colliard était universitaire, Charasse était un ancien des impôts qui travaillait à l'Assemblée nationale avec le groupe socialiste, etc.

Parmi les premiers problèmes matériels qui se sont posés à nous, il y a eu celui de notre statut social, de nos contrats de travail. J'étais un salarié du PS mais il n'était plus question que le Parti socialiste puisse me payer. Or, à l'époque, il n'y avait pas de budget de la présidence. Et on découvre alors que du temps de de Gaulle, Pompidou, Giscard, on procédait par des bricolages en l'occurrence des « mises

---

1 Réseaux téléphoniques protégés réservés aux membres de l'éxécutif pour échanger directement entre eux.

2 Réseaux téléphoniques protégés réservés aux hauts-fonctionnaires et notamment les préfets.

à disposition » : quand un collaborateur du président était fonctionnaire, énarque par exemple (il y en avait beaucoup sous Giscard, beaucoup moins dans l'équipe de Mitterrand !), il était mis à disposition de la présidence, point. Mais quand il n'était pas fonctionnaire, ce qui était le cas de la plupart d'entre nous, comment faire ? Eh bien on le faisait embaucher par une entreprise publique qui le mettait à disposition de la présidence. Alors on a fait comme nos prédécesseurs…

Ce qui est étonnant quand même, quand on sait que la présidence de la République c'est la clé de voûte, et ça a été voulu comme la clé de voûte.

Oui, c'est étonnant mais ça n'a été corrigé que bien plus tard. Et c'est comme ça que je me retrouve salarié d'Air Inter en juin 1981… D'autres collaborateurs du président sont salariés d'Air France ou bien d'EDF, les secrétaires de Mitterrand, à l'Élysée, sont postières… C'est assez ahurissant. Mais, confrontés à ce problème on n'a pas d'autre solution que celle-ci, utilisée par nos prédécesseurs depuis des décennies.

Autre sujet majeur et immédiat : les secrétaires.

Tous les bureaux où nous nous installons sont dotés de secrétariats occupés par des secrétaires, qui étaient les secrétaires de l'équipe de Giscard. Et, je me retrouve donc dans le bureau du chef de cabinet avec les deux secrétaires qui étaient les secrétaires du chef de cabinet de Giscard. Et on se pose la question : « Que fait-on ? » On est très hésitants sur la manière de faire. Et c'est François Mitterrand qui tranche et qui décide les garder toutes, pour plusieurs raisons. D'abord si on les remet à disposition de leurs administrations, imaginons une seconde la campagne de presse qu'on va subir sur le sectarisme des socialistes ? Deuxièmement, si on agit de la sorte, non seulement la campagne va être terrible, mais en plus on va les remplacer par qui ? On va mettre des semaines et des semaines avant de trouver une équipe qui sera opérationnelle. Enfin, ces femmes qui sont là, elles savent comment ça marche l'Élysée au sens du concret et du quotidien. Elles vont nous aider.

Donc il faut s'appuyer dessus.

Il faut les prendre comme alliées et s'appuyer dessus, absolument. En gardant dans un coin de notre tête que si, par hasard, par malchance telle ou telle manquait de loyauté, il serait temps d'aviser.

Et je dois dire qu'au bout d'un an ou deux, il y a peut-être eu un exemple de ce genre et encore je n'en suis même pas sûr. Un exemple sur une centaine : ça en dit long sur la loyauté des agents de la fonction publique, non ? J'ai ainsi travaillé avec les secrétaires du chef de cabinet de Giscard en parfaite confiance, et dont une, Josette Delpeuch, m'a suivi après, à l'Assemblée nationale et dans les ministères, jusqu'à sa retraite. Pendant trente ans nous avons travaillé ensemble, et elle est devenue une amie.

Donc, revenons à cette fin du mois de mai 1981 et à nos premiers jours à l'Élysée : nous avons été confrontés à ces problèmes-là, et nous avons vécu ce qu'on peut appeler une période d'adaptation à ce palais et ses personnels, son fonctionnement. Une sorte de découverte au sens presque anthropologique du terme. Mais ça n'a pas duré très longtemps.

Et puis, pour nous, la nouveauté principale c'est le changement de méthode dans notre travail quotidien : nous devons apprendre à travailler avec un homme qui « ne nous appartient plus » si tant est qu'il ne nous ait jamais appartenu ! Mais je veux dire par là d'une part que notre chef politique est devenu le président de tous les Français et que cela crée des obligations y compris pour ceux qui travaillent avec lui, mais aussi qu'on va le voir beaucoup moins qu'auparavant et, pour une grande part d'entre nous, presque plus. Pour avoir été très privilégié de ce point de vue de par ma fonction, je n'en suis pas moins conscient que pour un certain nombre de mes collègues, qui s'en sont ouverts à moi, ce ne fut pas si simple…

Alors le temps file, tu restes sept ans auprès de François Mitterrand à l'Élysée, comme son chef de cabinet. Dans ces sept ans, il y a deux ans qui sont quand même assez bizarres dans notre histoire de la Ve République, c'est la première cohabitation : 1986-1988.

C'est dommage de passer cinq années comme ça, de 1981 à 1986, sans s'y arrêter d'une manière ou d'une autre ! Je comprends que c'est un parti pris de ta part parce qu'on ne peut pas tout dire, tout raconter ici mais tout de même… le bilan de cette législature est considérable et il a, je le crois plus que jamais, le temps passant et les comparaisons possibles se multipliant, profondément marqué la société française, ses mœurs, son organisation, notamment et peut-être surtout sur le plan de la démocratie et des libertés. On parle souvent de l'abolition de la peine de mort comme la mesure phare et particulièrement symbolique de cette période et je ne veux sûrement pas en minimiser l'importance. Mais l'abolition du délit pénal d'homosexualité ce n'était pas rien ! Et les premières lois de décentralisation rompant avec des décennies de centralisme bureaucratique – lois qui attendent toujours leur achèvement d'une certaine manière – ce ne fut pas non plus une mince affaire ! Et la libération des ondes, des radios, des télévisions, la fin du pouvoir politique sur les médias ?! Et les lois Auroux, la progression des droits des travailleurs ?! Et tant d'autres réalisations dont j'ai scrupule à avoir entamé la liste sans l'achever. Alors bien sûr, il y eut des difficultés, des crises, des échecs mais il reste que ce bilan est celui d'une vraie rupture, d'un vrai changement. Et pour un militant fort de ses convictions, les voir mettre en œuvre et, mieux encore, participer à cette mise en œuvre, concrètement, c'est exaltant. Bon j'arrête là sur ces cinq années pour en venir à ta question relative à 1986 et à la première cohabitation de l'histoire de la Vᵉ République.

Évidemment que, par rapport à la situation politique de la législature 1981-1986, les choses changent énormément. D'abord parce que François Mitterrand ne disposant plus de la majorité parlementaire, il a nommé Chirac Premier ministre. Là encore, il avait le choix et il nous l'a dit : plusieurs solutions s'offraient à lui, d'autant que des candidatures d'importants leaders de la droite s'étaient déclarées auprès de lui. Mais il a préféré ne pas biaiser et affronter l'adversaire principal pour plus de clarté politique et ne pas être accusé de fuite ou, pire, de manœuvre. Et le voilà donc face à un gouvernement regroupant ses opposants politiques. Il s'en est confié à certains d'entre nous après le premier conseil des ministres de la cohabitation : « Je voyais, autour de la table, toutes ces personnes qui me jetaient des regards agressifs et, pour certains, méchants. Rien, personne pour trouver refuge. C'est une épreuve, vous savez. »

Ce faisant, François Mitterrand avait fait le choix de rester, ce qui n'était pas forcément écrit dès l'origine. On l'oublie trop souvent mais ce choix d'assumer la cohabitation n'allait pas de soi puisqu'il a donné lieu à beaucoup de débats en 1984-1985, quand cette hypothèse commençait à se dessiner. Je me souviens de toutes ces déclarations de responsables politiques de la droite sur le thème « si la droite l'emporte aux législatives, Mitterrand devra en tirer les conséquences et partir » ou bien « il n'aura pas d'autre choix que démissionner » le tout illustré par des références d'une grande subtilité au départ de de Gaulle après son échec au référendum perdu de 1969.

Quelle est la portée de ce changement dans le fonctionnement quotidien de l'Élysée avec l'élection présidentielle de 1988 en ligne de mire.

Le changement, comme tu le dis, est considérable, pour les raisons que je viens d'évoquer mais je dois dire que, pour moi, ça a été la deuxième période jubilatoire de ma vie politique et ma collaboration avec François Mitterrand.

La première, ce fut entre 1979 et 1981 quand j'ai accompagné, au sens physique du terme, la dernière étape de la marche d'un homme vers le pouvoir suprême. Avec cette « cerise sur le gâteau » que j'ai racontée déjà par une formule : « J'étais dans un ascenseur avec un homme et je me suis retrouvé avec lui au dernier étage »... Et, la deuxième, c'est la cohabitation, autre période de véritable jubilation politique. Pourquoi ?

Non pas tant pour les changements que cela a impliqués pour nous, même si ceux-là ont été bien réels. C'est vrai, par exemple que, du jour au lendemain, on ne parle plus aux ministères. Les lignes sont coupées, y compris sur ordre conjoint de Mitterrand et Chirac, le Premier ministre, qui imposent une méthode : les relations entre les institutions, entre la présidence de la République et le gouvernement, doivent passer par le secrétaire général de l'Élysée, Jean-Louis Bianco, et le directeur de cabinet du Premier ministre, Maurice Ulrich.

Donc il y a une voie et une seule par laquelle tous les messages doivent passer. Sauf quelques rares exceptions ; je me souviens notamment avoir reçu des coups de fil de Michel Roussin, le chef de cabinet de Chirac à Matignon, un officier de gendarmerie républicain et chaleureux. Donc premier aspect fonctionnel des choses : on ne parle plus au gouvernement sauf par ce canal. Chirac et son gouvernement ont même essayé d'interdire à quiconque, dans la haute fonction publique, de parler à l'Élysée et au Président mais le moins que l'on puisse dire, c'est que ce blocus a été de bien peu d'effets…

Deuxièmement, les liens avec le Parti socialiste, qui étaient…

[*Émeric Bréhier : Forts…*]

Oui, ils étaient toujours restés très forts. J'ai évoqué plus haut la fameuse réunion du 22 mai 1981 dans le bureau présidentiel, quand François Mitterrand réunit le premier cercle de son équipe et qu'il nous annonce nos attributions. Quand il me nomme chef de cabinet, il me donne la mission :

> Vous vous occuperez de mon agenda, de mes voyages, de mes déplacements, mais je veux aussi que vous associiez le Parti socialiste et ses élus, ses dirigeants au quotidien de la vie de la présidence de la République.

Et il ajoute :

> Je m'en occuperai moi-même, Pierre Bérégovoy aussi, mais je vous demande d'y veiller notamment dans la préparation de mes déplacements ou dans les invitations dans cette maison dont ils ont été si longtemps exclus.

Et donc le lien est toujours resté très fort. Mais, là, il est encore plus fort puisqu'on est dans une cohabitation, c'est une bataille de positions politiques qui naît.

Et c'est là la vraie raison de cette jubilation que j'évoquais tout à l'heure : cette cohabitation fut, au plan politique, une partie d'échecs ou de jeu de go dans laquelle Mitterrand a excellé du début à la fin, alliant à la fois sa maîtrise absolue des règles institutionnelles et un *self-control* assez éblouissant.

Mais pour gagner cette bataille, il a bénéficié d'un « dispositif socialiste » tout à fait exceptionnel, et c'est là que je veux évoquer le trépied Élysée-

Solférino-groupe parlementaire de l'Assemblée nationale.

Ce dispositif socialiste, Mitterrand à l'Élysée, Jospin au Parti socialiste, rue de Solférino, et Pierre Joxe au groupe parlementaire à l'Assemblée, devient un élément central, dont une grande partie du fonctionnement était confidentielle, de la cohabitation. Et j'ose dire que ce dispositif socialiste n'a jamais été de cette efficacité-là, n'a jamais été de ce niveau d'efficacité, de solidité, de confiance, de fluidité. Jamais de toute la cinquième République. Outre les qualités propres, pour moi exceptionnelles, du président mais aussi de Lionel et Pierre qui étaient des militants expérimentés et des hommes d'État, c'est la deuxième clef de la réussite politique de la période.

Nous ne nous rencontrions pas tous les matins mais presque, avec une toute petite équipe autour de Jean-Louis Bianco et moi pour l'Élysée, un représentant de Pierre Joxe qui était le plus souvent François Roussely, et puis, le plus souvent, le directeur de cabinet de Lionel Jospin, Jean-Marie Cambacérès. Et ça marchait bien, très bien : échange d'informations, d'arguments, concrétisation de la stratégie politique jour après jour, semaine après semaine, dans une confiance remarquable et sans jamais que la confidentialité de ces échanges soit trahie.

Et, dernier volet de la jubilation évoquée plus haut : on a vécu pendant deux ans, fruit naturel de la première cohabitation, une leçon de choses constitutionnelles, de travaux pratiques constitutionnels permanente. Intellectuellement, pour des amoureux de la chose publique et du fonctionnement des pouvoirs publics, c'était absolument passionnant.

Les ordonnances, pas les ordonnances.

Oui voilà, par exemple les ordonnances : signer ou ne pas signer. Mais il y en a eu bien d'autres !… Et Mitterrand qui, à chaque fois, affichait cette volonté de conjuguer aussi efficacement que possible à la fois le respect scrupuleux de la Constitution et l'obsession de sa liberté : « Je suis libre de signer ou de ne pas signer l'ordonnance, je suis libre de… », etc. Je me souviens qu'il nous avait raconté un échange avec Chirac à ce sujet : comme le Premier ministre insistait en lui disant « mais la Constitution dit bien que le Président "signe les ordonnances" », il lui avait répondu, « je sais bien Monsieur le Premier ministre, vous n'allez pas m'apprendre la Constitution dont je suis le garant. Mais avez-vous aussi noté que celle-ci ne dit pas dans quel délai le président signe ? Alors, si vous insistez, je finirai par vous répondre "je signerai… un jour". »

Encore une fois, c'est sa liberté.

Sa liberté, ne jamais être esclave d'un conseiller, d'un cercle ou d'une réunion.

Pourtant, en ce début de cohabitation, il se produit un petit évènement dans son mode de fonctionnement à l'égard de ses collaborateurs : un week-end d'avril 1986, il réunit chez Charasse, à Puy-Guillaume, dans le Puy-de-Dôme, une dizaine d'entre nous dans le plus grand secret. Rien n'a d'ailleurs jamais transpiré de cette réunion. Et là, il nous dresse le cahier des charges de la cohabitation que je résume ainsi :

> Attention, on rentre dans une période de grande incertitude, on ne sait pas du tout comment ça va se terminer. Ça n'a jamais existé, donc on va défricher ça en avançant… Et en même temps vous devez savoir que ça peut se terminer à tout moment. Attention, on peut être obligé de partir du jour au lendemain, prenez soin de vous, faites attention, préparez-vous à tout, etc.

Il n'était pas inquiet, il maîtrisait parfaitement son sujet. Mais quand il nous disait « ça peut se terminer à tout moment » il évoquait ensuite comment ça pouvait se terminer : par exemple la dissolution… Mais vous savez une dissolution – je me souviens très bien de ses propos qui ont été prémonitoires pour une autre dissolution, celle de 1997 :

> C'est un acte grave qui ne peut être utile que si les Français le comprennent. Sinon, dans une partie de bras de fer comme celle-là, ça risque

> d'être perçu comme une manœuvre et, en politique, une manœuvre ça se retourne toujours contre ses auteurs. Mais ça peut être ma démission, ça peut être… dissolution, démission, mes possibilités d'arbitrage ne sont pas immenses en cas de bras de fer.

Et il nous prévient :

> Donc mettez-vous bien dans la tête qu'on ne sait pas comment ça va se passer, on ne sait pas si ça va durer et on ne sait pas comment ça va se terminer. Ça peut bien ou mal se terminer, y compris pour moi, et pour vous, ça peut s'arrêter à tout moment.

On est une petite dizaine de collaborateurs autour de lui, chez Charasse, et c'est un moment assez émouvant d'ailleurs puisque c'est un moment de grande confiance politique et affective. Et donc j'ai vécu ces deux ans que j'ai qualifiés de jubilatoires dans l'ombre d'un maître, à la fois véritable chef de ce dispositif socialiste extrêmement efficace, efficient, amical, confiant, et en même temps orfèvre de cette partie d'échecs politique, et formidable expert en défrichage de la Constitution en temps de cohabitation.

Oui, utilisation de la Constitution…

C'est intéressant que tu emploies cette expression qui renvoie à un propos de de Gaulle devant un de ses collaborateurs, Alain Peyrefitte je crois, en 1967 juste après une courte victoire de son parti sur la Gauche, exprimant presque un regret de n'avoir pas perdu : « Dommage, ça m'aurait amusé de voir comment gouverner en utilisant cette constitution malgré un parlement hostile ! »

Dans ce « bras de fer », l'aspect psychologique des choses a joué, me semble-t-il, un grand rôle : Mitterrand était quelqu'un de calme et de posé et qui, ça a été dit tant de fois, aimait donner du temps au temps ; et, en face de lui, Chirac fidèle à sa réputation de hussard, était un fonceur absolu. De là à penser qu'il fonçait dans tous les pièges que Mitterrand lui tendait, il n'y a qu'un pas que je franchirais volontiers. Mais je reconnais ma subjectivité qui relativise au moins un peu mon propos. En tout cas, ascendant psychologique de Mitterrand assurément et, d'une certaine manière, complexe de Chirac. Veux-tu que je te raconte une anecdote vécue pendant cette période et que je n'ai jamais racontée ? Nous sommes à l'Élysée pour une remise de décorations à la fin de laquelle, avant de partir, Mitterrand appelle Chirac pour lui dire quelque chose. Tête-à-tête improvisé dans un coin de la salle des fêtes de l'Élysée. Ils se saluent et se séparent. Mais Mitterrand, qui vient vers moi – j'étais en conversation avec Alain Boublil qui a aussi été témoin de la scène – a oublié de dire quelque chose à Chirac et l'interpelle à quelques mètres « Monsieur le Premier ministre ! » Et Chirac se retourne et lui dit « Oui mon Géné… euh Monsieur le Président ? » Histoire vraie et révélatrice, non ?

Tu faisais référence tout à l'heure à cette fluidité de l'organisation entre l'Élysée, le groupe d'opposition parlementaire présidé par Pierre Joxe, le Parti avec Lionel Jospin, etc. Et 1988, c'est le moment où il y a deux choses qui m'interpellent, une qui te concerne toi plus particulièrement, ce qui va permettre de passer à un autre sujet. 1988, il y a beaucoup de jeunes conseillers de l'Élysée, pas que, qui tentent l'aventure électorale, et qui sont élus parfois députés pour la première fois en 1988. Toi, tu te lances dans les Hautes-Pyrénées, près de Tarbes…

Ce n'était pas Tarbes que je visais, mais je vais t'expliquer. Mitterrand avait une ligne de conduite constante, il encourageait assez systématiquement tous les jeunes de son entourage à aller au combat électoral : « Engagez-vous, engagez-vous sur le terrain électoral, engagez-vous ! » Donc il n'a cessé de dire ça à tous les jeunes qui s'approchaient de lui, ou qu'il conseillait, qui étaient dans ses équipes : « Engagez-vous, allez-y, foncez ! »

Et donc moi, forcément, comme j'étais tout le temps avec lui en voiture, en train, en avion, dès avant 1981, il a commencé à me dire : « Engagez-vous, présentez-vous ! » Et combien de fois, alors que j'étais en voiture avec lui, m'a-t-il dit : « Ah ! tiens, ici c'est une circonscription qui vous irait bien ? » Il m'a dit ça vingt fois.

Et un jour, c'était pendant le premier septennat, renouvelant pour la vingtième fois son invite, il ajoute sur un ton presque énervé :

— Mais vous ne répondez jamais à ce que je dis quand je vous parle de ça. Ça ne vous intéresse pas ?

Alors, je lui réponds :

— Monsieur le président, je n'exclus pas d'aller me présenter mais c'est moi qui choisirai l'endroit, pas vous.

Il me regarde, assez troublé par ce crime de lèse-majesté, et me dit :

— Ah bon, pourquoi ?

— Parce que c'est un choix de vie que vous me proposez là et mon intuition est que je ne peux aller réaliser ce projet que dans un endroit dont j'aime les paysages, l'accent, la bouffe, les gens, la culture.

— Mais qu'est-ce que vous me racontez ?

— Eh bien c'est assez simple : compte tenu de ma personnalité et de mon caractère, je n'imagine pas du tout d'être « parachuté » dans un territoire inconnu de moi. J'ai besoin d'avoir envie de ce territoire. Dans ma vie, il y a deux régions qui me plaisent, me mobilisent et m'émeuvent, c'est la Bretagne parce que je suis un marin, et le Sud-Ouest parce que j'aime le rugby. C'est ma vie : je suis plutôt mer, navigation à voile, poisson et crustacés, crêpes et cidre, ou montagnes Pyrénées, rugby, ski, cassoulet, armagnac, que choucroute-Kronenbourg, ou rosé-bouillabaisse. Et moi, j'ai besoin de ça si je vais m'engager.

François Mitterrand était interloqué et il me regardait d'un air assez effaré...

Et donc, devant cette sollicitation pour le moins pressante, après les législatives de 1986 qui se déroulent à la proportionnelle, il y a un nouveau découpage, et je me dis : j'y vais. Et là, j'annonce à Mitterrand que je m'engageais. Il m'encourage, il me pousse.

Il est plutôt content.

Oui, même s'il m'en parlait depuis 7 ans déjà et qu'il a dû se dire que j'étais long à la détente...

Donc je prends la première décision pour suivre ses conseils : je vais en province pour vivre une aventure électorale. Pour tout dire, je pense aussi que j'ai presque 5 ans devant moi car beaucoup de choses me faisaient penser que Mitterrand, en cas de réélection, ne dissoudrait pas : il m'avait, il nous avait, plusieurs fois expliqué un peu comme de Gaulle en 67 qu'il voulait gouverner avec un autre gouvernement de cohabitation, plus modéré bien sûr et casser durablement la droite. Je me souviens qu'après une déclaration publique de Jean Poperen jugeant la dissolution « automatique », le président m'avait dit sa réprobation absolue de cet « automatisme ». Malheureusement pour moi, après sa réélection, Rocard, Premier ministre, Mauroy et les dirigeants du Parti, l'ont convaincu d'abandonner cette idée.

Et, deuxième étape, pour des raisons familiales, je choisis plutôt le Sud-Ouest que la Bretagne. Après, il y a une espèce d'engrenage logique.

D'abord, je regarde dans le Sud-Ouest où je peux aller.

Il y a plein de gens qui me disent : « Mais viens chez nous, je t'aiderai. » Emmanuelli dans les Landes, Labarrère qui est président de la région, à Pau, Laurissergues en Lot-et-Garonne, Madrelle en Gironde, etc. Donc j'ai plusieurs propositions, et je me dis : non, je ne veux pas aller me mettre sous l'aile protectrice d'un grand élu, Il faut que je vive seul ma vie. Et donc, je regarde dans le panel de tous les départements du Sud-Ouest, celui qui était le chantier politique pour moi le plus prometteur.

C'était quoi cette notion de chantier politique le plus prometteur ? C'était le département où il y avait la plus grande différence entre les voix de Mitterrand aux élections présidentielles et leur traduction en nombre de parlementaires socialistes. Et là, les Hautes-Pyrénées, pour des raisons historiquement simples et claires, apparaissent comme une évidence. Pourquoi ? À cause du radicalisme. À cette époque, François Abadie, maire de Lourdes, tout-puissant patron des Hautes-Pyrénées et des radicaux, soutient Mitterrand à fond – il est celui qui, d'entrée de jeu, m'a accueilli le plus chaleureusement –, et les socialistes sont réduits à la portion congrue : un parlementaire sur cinq à l'époque. Et donc, troisième étape, je décide d'aller m'installer dans les Hautes-Pyrénées.

Ensuite, je poursuis le processus de ce que j'appelais plus haut « l'engrenage logique » : dans les Hautes-Pyrénées, j'étudie le nouveau découpage et je constate que les trois députés qui ont été élus à la proportionnelle sont tous géographiquement et électoralement ancrés dans le Sud, dans la montagne, à Lourdes, et puis il y a la circonscription du Nord, de Tarbes, qui n'aura donc pas de député sortant. J'irai donc, quatrième étape, dans cette circonscription-là.

Au moins tu ne gêneras personne.

En fait, on gêne toujours quelqu'un. En l'occurrence j'ai gêné quand même un élu qui s'appelait Claude Miqueu, qui était maire et conseiller général de Vic-en-Bigorre, et qui m'avait dit lorsque j'étais allé le voir : « Je ne serai jamais candidat. » Mais j'y reviendrai.

Pour en revenir au chemin théorique qui me menait de Paris en Bigorre, il me restait une étape, celle de l'ancrage local et, paradoxalement, c'est Miqueu qui me l'a indiquée :

— Tu veux t'installer où, à Tarbes ?

— Non, pas à Tarbes, c'est une ville communiste, je ne viens pas pour battre les communistes, je viens pour battre la droite, et je cherche plutôt une commune de droite de quelques milliers d'habitants.

— Une commune de droite de quelques milliers d'habitants, il n'y en a pas beaucoup, Maubourguet c'est à une dizaine de kilomètres au Nord d'ici.

Je n'avais jamais entendu parler de Maubourguet. En sortant de son bureau, j'y suis donc allé aussitôt, je suis allé au café du centre, j'ai posé mon sac et je me suis dit : c'est là. Et ça a été là puisque, plus tard, je suis devenu maire et conseiller général de Maubourguet et que je vis encore là, à quelques kilomètres. D'une certaine manière, ce moment a été, pour le moins, « le » tournant géographique de ma vie. Pas seulement géographique puisque ce « choix de vie » a forcément des conséquences affectives lourdes : s'attacher à un territoire, s'y donner corps et âme, c'est prendre une maîtresse très exigeante et c'est destructeur de vie familiale et conjugale…

Mais, d'abord, il y avait les législatives de juin 1988 lors desquelles j'ai été battu par ce dissident qui a changé d'avis notamment parce qu'il a été poussé par la fédération départementale du PS, dont la Première secrétaire a érigé toutes les barrières possibles et imaginables sur mon chemin : elle a voulu m'empêcher de transférer mon adhésion à la section du PS de Maubourguet, puis au moment du vote interne pour le choix du candidat, a interdit aux sections de me recevoir, etc. L'appareil local du PS s'est déchaîné contre moi et a, bien entendu, encouragé la candidature d'un dissident, Claude Miqueu. Malgré tout cela, une bonne minorité des militants ont résisté à ces pressions et m'ont donné un vrai coup de main pour la campagne.

Mais je n'en avais pas fini avec les appareils locaux, ligués pour me faire battre aux législatives puisque, au soir du premier tour, c'est celui du Parti communiste qui refuse d'appliquer la règle du désistement pour le candidat de gauche le mieux placé et l'accord national entre les deux partis et soutient… le dissident. L'explication est qu'au premier tour j'avais fait de très beaux scores dans les bureaux de vote de Tarbes et que les communistes voulaient éliminer le potentiel candidat à la mairie de Tarbes... que je n'étais pas ! Je suis battu dans une triangulaire au deuxième tour : entre la droite, le candidat dissident et moi, tout se tient en quelques points entre 30 % et 40 %. Mais dans les jours qui suivent j'annonce que je ne suis pas venu en Bigorre pour une élection mais que c'est un choix de vie au service d'un territoire et, là, je sens que se produit un déclic dans l'opinion locale comme si elle m'avait fait passer un test du genre « on va voir si tu es capable de t'accrocher ». C'est en cela que je pense que cette défaite a été fondatrice pour moi : je reste, je m'accroche et un an après je suis élu maire ; quatre ans après conseiller général et conseiller régional. Et j'entre dans le gouvernement de Pierre Beregovoy à qui Mitterrand a dit « faites entrer des jeunes qui ont bien réussi aux élections locales »...

Et le plus surprenant de l'histoire – surprenant ou paradoxal, je ne sais – c'est que je suis battu en 1988 quand la gauche emporte la majorité – même relative – au plan national et que, en 1993, quand toute la gauche est battue dans une défaite cuisante (la plus cuisante jusqu'en 2017...), je suis élu député pour la première fois.

Tu t'es ancré dans le territoire.

Je suis ancré comme tu dis, ce qui, pour le marin que je suis, a un sens : j'ai mouillé mon ancre. Et j'ai acquis la légitimité que je n'avais pas en 1988. Quand on parle de moi localement, on ne dit plus « le Parisien » ou bien « le parachuté » mais « le maire de Maubourguet ». Preuve, une nouvelle fois, que cette légitimité du suffrage est majeure dans les processus politiques. Preuve aussi qu'il « manque une case » aux politiques qui veulent participer au débat national, voire à l'exercice de responsabilités, sans ancrage local…

Et alors pourquoi… c'est non pas quelque chose qui me surprend mais je pense que ça peut surprendre aujourd'hui : tu es maire en 1989, tu prends un canton, tu vas à la région et un an après député.

On peut y voir une boulimie de mandats et j'accepte le reproche. Mais on peut aussi en donner trois explications : à la fois une logique institutionnelle locale (le maire du chef-lieu de canton est le mieux placé pour l'élection dans ce canton), une réaction psychologique comme si l'on voulait se « gaver » de succès après une série de défaites (j'avais perdu 4 élections à Issy-les-Moulineaux avant de perdre dans les Hautes-Pyrénées en 1988) et enfin, malheureusement, une manière d'instaurer un rapport de force face à un appareil local du PS qui était toujours hostile (et qui l'est resté longtemps…).

Tu deviens donc maire d'une petite commune comme il en existe tant en France. Qu'est-ce qui te marque alors, et qui te marque peut-être toujours, dans cette fonction si prisée par nos concitoyens, quand bien même ils ne votent pas tant que cela aux municipales ?

Oh ! il y a plein de choses qui, à ce moment-là de mon parcours politique, prennent une importance très heureuse : d'abord, c'est ma première victoire électorale personnelle, la première « onction du suffrage universel ». Pour un démocrate, ce n'est pas rien. C'est même, pour tout te dire, très émouvant. Ensuite, je te l'ai dit il y a un instant, c'est la marque d'un ancrage territorial réussi. Je deviens légitime localement. Enfin, c'est le début d'une histoire d'amour entre Maubourguet et moi : c'est une réelle et forte émotion que de recevoir la confiance de 72 % des électeurs au premier tour ! Et, en même temps, c'est un ardent devoir qui naît : être digne, à la hauteur de cette confiance. La rendre par mon engagement, au service de mes concitoyens. Cette relation de confiance et affective va me poursuivre toute ma vie.

Commence pour moi l'exercice de la fonction de maire qui est une fonction enthousiasmante : d'abord, tu es dans la proximité avec tes administrés, dans l'intimité même. Une intimité tout au long de la vie qui voit le maire signer l'acte de naissance de chaque citoyen de la commune, puis le certificat de mariage, éventuellement celui du divorce, et le certificat de décès…

Ensuite il y a la compétence juridique très vaste du maire, une compétence dite « horizontale » qu'on ne retrouve dans aucune autre collectivité locale et qui t'amène à agir dans des domaines très divers. Enfin, l'action du maire est concrète, très concrète : logement, sécurité, école – je me suis passionné pour notre école publique ! En particulier en mettant en place une réforme des rythmes scolaires avec un grand nombre d'associations locales qui a été cité en exemple pendant 20 ans, avant d'être démolie par Monsieur Blanquer et l'invraisemblable instauration de la semaine de quatre jours –, voirie, développement économique (nous avons créé une zone d'activité en rase campagne : il y a maintenant plus de mille emplois dessus). C'est passionnant !

Je pourrais t'en parler pendant des heures car, pour moi, le mandat de maire est le plus beau de tous les mandats. Mais je finirai par un point pour moi essentiel : la proximité apporte une capacité de compréhension de l'opinion d'une grande sensibilité. Quand j'avais un doute sur celle-ci, je partais marcher dans Maubourguet, j'interrogeais les gens que je croisais sur l'actualité de la politique nationale et j'avais un éclairage très convaincant. Par exemple, lors de la décision de Chirac de dissoudre l'Assemblée en 1997, mon « tour de Maubourguet » avait été très édifiant : les gens, unanimes, y voyaient une manœuvre et n'appréciaient pas du tout celle-ci : ils allaient la sanctionner. J'ai aussitôt appelé Jospin pour lui dire « on va gagner »…

Et pourquoi région et conseil général à l'époque ? Parce que tu vas y rester longtemps, au conseil général.

Oui, j'y suis resté jusqu'en 2021, fin de mes mandats locaux. Mais j'avais changé de canton entre-temps pour aller m'ancrer dans un canton peri-urbain de l'agglomération de Tarbes, à Aureilhan, car les maires socialistes de l'agglomération m'avaient demandé avec insistance de venir y prendre la présidence de celle-ci au moment même où je pouvais redevenir maire de Maubourguet (après l'avoir quitté en 1998 pour devenir ministre) mais où j'avais scrupule à dire à mon successeur et ami « pousse-toi de là que je m'y remette ». J'ai donc accepté l'invite des maires de l'agglo – couronné par le suffrage des électeurs ! – et vécu cet engagement avec passion pendant quelques années car l'aventure intercommunale m'a toujours motivé, mais qui m'obligeait à quitter le Conseil général. Et puis je suis revenu à l'assemblée départementale ensuite, toujours comme conseiller général d'Aureilhan, une commune socialiste où une équipe municipale que je n'hésite pas à qualifier d'exceptionnelle par ses convictions, son dévouement et ses résultats, m'avait accueilli avec une amitié chaleureuse. C'est une commune pauvre, la plus pauvre fiscalement de l'agglomération, et cela exige des élus municipaux de compenser cette absence de moyens par un engagement de tous les instants qui force mon admiration. Son maire, Yannick Boubée, est devenu un ami fidèle et proche. Sur la fin de mon mandat départemental, je me consacrais pour l'essentiel à ma fonction – bénévole ! – de président de l'Office départemental d'HLM, une fonction passionnante : loger 8 000 ménages parmi les plus défavorisés, ça me paraissait – et me paraît plus que jamais – intelligent, juste et utile socialement. C'est un sujet sur lequel ma sévérité à l'égard de Macron et ses gouvernements est totale. Sans traiter de ce domaine, ce serait trop long, je veux juste évoquer un point : sais-tu que plus un organisme d'HLM fait du social, c'est-à-dire accueille des pauvres – ceux qui sont éligibles à l'APL (aide personnalisée au logement) –, ce qui devrait être sa mission première, plus il est pénalisé ? ! C'est une triste réalité qui me met toujours en colère…

En 1992, le vieux conseiller général radical du canton de Maubourguet prend sa retraite ; tout le monde me pousse à y aller dans la mesure où je suis maire du chef-lieu du canton. Tous les maires du canton me soutiennent, la légitimité de ma candidature n'est pas contestable. Je suis élu dès le premier tour et je rentre au conseil général. J'y deviens aussitôt président du groupe socialiste et 1er vice-président d'un sénateur radical, François Fortassin, contre, là encore, la volonté de l'appareil local du PS…

Et, pourquoi la région ? Eh bien parce que Lionel Jospin, avec qui j'ai des liens personnels très étroits, décide de se présenter à la présidence de la région en 1992. Il a besoin d'une équipe, me demande de m'engager, ce que je fais bien volontiers. Mais cette tentative est un échec marquant. Je ne suis pas resté longtemps, à la région, un an.

Tu donnes effectivement la priorité finalement à une stratégie d'ancrage assez classique, assez mitterrandienne j'allais dire.

Classique et mitterrandienne, les termes employés me conviennent parfaitement !

C'est-à-dire la mairie, le département.

Oui, il y a autant d'habitants à Maubourguet qu'à Château-Chinon : 2 500. Et ça m'avait marqué car, lors d'une conversation avec François Mitterrand, il m'avait expliqué que c'était une taille idéale pour un parlementaire : suffisamment grande pour disposer de moyens en personnels et en capacité d'investissement pour y faire des choses concrètes, visibles (je me souviens de cette expression dans sa bouche qui m'avait marqué : « Faites des choses visibles, Glavany ! ») mais pas trop grande pour ne pas accaparer son maire à plein temps. Rétrospectivement, c'était une bonne approche de la problématique du cumul des mandats…

Donc à cette époque-là… évidemment maintenant désormais tu es élu. Alors tu es chargé de l'organisation de 1988 à 1992.

Nous revenons donc à 1988. Mitterrand, après ma défaite aux législatives de juin, me reçoit et c'est une conversation très marquante que j'ai dans le bureau du président de la République. On est vers la mi-juillet. D'ailleurs je me souviens, il se lève quand j'entre dans son bureau et il vient vers moi en me tendant la main, et me dit « bravo ». Alors je lui dis : « Comment ça bravo ? » Comme je suis, de culture, un peu insolent, j'ajoute : « On ne vous a pas dit que j'ai été battu ? »

Alors il me fait « pfft »… comme ça, il faisait « pfft »… tu vois, une manière de dire « je vous en prie, je parle sérieusement »… Et il reprend :

> Non, non, bravo parce que vous avez fait un parcours formidable, vous auriez dû être élu s'il n'y avait pas eu la trahison du PC qui ne s'est pas désisté pour le candidat du parti de gauche le mieux placé mais pour le dissident. Mais vous avez fait un très beau parcours et un très beau score. Surtout il faut que vous vous mainteniez sur le territoire et que vous labouriez le terrain. Vous allez voir, ça va marcher, la preuve est faite.

Donc c'est très encourageant. Et il ajoute simplement :

> Vous ne pouvez pas rester ici pour ça ; ici, vous vous desséchez, vous n'avez pas le temps de faire ça. Et puis vous serez toujours perçu comme

l'homme du président, ce n'est pas bon. Trouvez-vous une mission qui vous donne un peu de visibilité, qui vous donne une occupation réelle, pas un emploi fictif, et qui vous permette de continuer à vous implanter en ayant un peu de temps pour cela. Parlez-en à mes collaborateurs que vous connaissez bien, faites-moi une proposition et je vous la confierai.

Avoir un peu plus de temps pour réaliser cet ancrage...

Voilà. Et c'est comme cela qu'en quelques semaines on me confie la délégation interministérielle aux Jeux olympiques d'hiver de 1992. Et j'ai travaillé, à Matignon, auprès du Premier ministre, Michel Rocard puis Édith Cresson, et à la tête d'une petite équipe d'une dizaine de personnes pendant quatre ans. Mission passionnante que de coordonner les interventions de l'État pour la préparation des Jeux, de représenter celui-ci au Comité d'organisation, le COJO, et d'être l'interlocuteur permanent de Michel Barnier et Jean-Claude Killy, les organisateurs avec lesquels je me suis très bien entendu. Michel Barnier, homme sérieux, bosseur, fiable avec lequel je me suis bien entendu, même si la souplesse et l'humour ne sont peut-être pas ses qualités premières. Et Jean-Claude Killy, immense champion au charisme rayonnant, grand professionnel chaleureux qui est devenu un ami. Donc, une parenthèse de 4 ans dans ma vie politique, en parallèle de ma vie politique, qui fut aussi une belle aventure humaine. Et, dans le même temps, je descends chaque semaine pour 3 jours au moins à Maubourguet, où j'ai ouvert une permanence sur la place du village, avec un petit deux-pièces au-dessus.

Donc tu n'es plus à l'Élysée, en dépit de cet échec prometteur, pour reprendre la formule, aux législatives. La fluidité que l'on évoquait plus haut est moins là en 1988, y compris les législatives qui sont finalement assez décevantes pour le Parti socialiste, où il y a quand même pas mal de candidats qui tombent ou qui n'arrivent pas à se faire élire, notamment des candidats d'ouverture qui se font étriller. On a le sentiment du coup que cette organisation hors pair que tu détaillais tout à l'heure commence à se déliter un peu, et s'effilocher.

C'est évident. Et la raison principale qui déclenche le délitement, c'est le fait que Lionel Jospin fait savoir publiquement qu'après avoir dirigé le Parti socialiste depuis sept ans, il aspire désormais à autre chose, à exercer des responsabilités gouvernementales. Il rentre au gouvernement, et devient ministre d'État, ministre de l'Éducation nationale dans le gouvernement de Rocard.

Donc le poste de premier secrétaire est disponible et une guerre de succession est ouverte entre Pierre Mauroy et Laurent Fabius. Mauroy l'emporte devant le Comité directeur. Mais ce n'est que provisoire et la tension va ressurgir à l'occasion du congrès de Rennes, de triste mémoire, qui arrive deux ans après.

Oui, même pas, un an après, c'est 1989, le congrès de Rennes, ça commence à 1989 et s'achève en 1990.

Oui. Et là, le magnifique dispositif des socialistes des deux années de la cohabitation est complètement en capilotade à cause des ambitions personnelles, légitimes au demeurant mais conflictuelles, et des jeux de pouvoir.

Et d'ailleurs, toi, c'est au milieu des années 1990, après le congrès de Rennes, 1992-1993, que tu commences à prendre un certain nombre de responsabilités au sein du Parti socialiste, par la communication.

En 1993 survient la débâcle des socialistes aux élections législatives. Je suis élu miraculeusement, de quelques dizaines de voix. Je me souviens, on faisait du porte-à-porte dans Tarbes et dans sa banlieue, on sentait le sable nous passer entre les doigts. Il avait un rejet des socialistes qui était très violent, et j'ai dû faire une campagne harassante et épuisante, et sans jamais claironner que j'étais membre du gouvernement je dois le reconnaître, pour m'en sortir de quelques dizaines de voix, grâce à la bêtise d'ailleurs du candidat de droite qui était d'une agressivité folle à mon égard. Et s'il avait été plus intelligent, je pense qu'il l'aurait emporté.

En tout cas je suis élu. J'étais déjà membre du Comité directeur du PS, mais là il se passe quelque chose : Fabius qui était devenu Premier secrétaire par la volonté d'apaisement de Mauroy qui n'était pas un homme de conflit et goûtait peu les tensions nées à Rennes, est mis en minorité par le Comité directeur, parce qu'il est le Premier secrétaire d'une défaite historique, même si, bien entendu, il n'est pas le seul responsable. Mais c'était un temps où la responsabilité politique avait un sens : malheur à ceux qui avaient mené leurs troupes à la défaite ! Aujourd'hui, la règle est devenue « on ne change pas une équipe qui perd »... Et Rocard est élu par ce même Comité directeur Premier secrétaire. Avec la quasi-totalité des « jospinistes », je vote pour lui.

Et Rocard a cette espèce d'intelligence peut-être un peu subtile, de me proposer, à moi mitterrandiste historique, de devenir porte-parole du Parti. J'accepte après mûre réflexion car la Mitterrandie est très divisée sur l'opportunité d'aider Rocard. Pour être clair, Mitterrand y était opposé et c'était mon premier acte d'émancipation et, même, de désobéissance à son égard. Mais il m'a semblé, à moi et d'autres, que vient toujours un jour où il faut jeter la rancune à la rivière et que, comme Mitterrand avait nommé Rocard Premier ministre 5 ans auparavant, il y avait comme une logique à prolonger ce geste. Mais, je le répète, ce n'était pas si simple d'affronter l'ire de Mitterrand : je me souviens d'un déjeuner chez moi dans les Landes l'été suivant, où, avec Henri Emmanuelli, nous avions dû faire face à ses reproches véhéments d'avoir « livré le parti » aux mains de cette « bande de sauvages »... Mon ami Michel Charasse que j'ai, heureusement, retrouvé plus tard, et que j'ai accompagné aussi fidèlement que possible jusqu'à sa mort, mais qui ne faisait pas toujours dans la nuance, m'avait même traité de « traître »...

Donc je rentre au secrétariat, au bureau national comme porte-parole et je suis resté membre du bureau national pendant une vingtaine d'années. Je suis, un an après, resté porte-parole d'Henri Emmanuelli quand il a succédé à Rocard après l'échec des élections européennes de 1994.

Rocard qui, à son tour, a été limogé.

Oui, par un vote du Comité directeur lui aussi. Toujours la règle de la responsabilité... Après le Congrès de Liévin en 1994 qui avait « légitimé » Henri Emmanuelli et rassemblé la famille mitterrandienne – autour de la personne même de François Mitterrand, qui nous avait rendu visite non pas au congrès, c'eût été choquant, mais pour un déjeuner très émouvant avec une vingtaine d'entre nous dans un restaurant voisin de Liévin – vient l'épisode de la candidature de Jospin à la présidentielle de 1995 à laquelle le Parti n'a pas été vraiment associé parce que Jospin avait battu Emmanuelli, le Premier secrétaire en titre, dans la primaire, ce qui a provoqué une nouvelle fracture, moins durable, moins profonde mais dommageable.

Je me souviens d'un dîner en tête-à-tête dans un restaurant parisien avec Henri Emmanuelli, la veille de la clôture des candidatures internes alors que Lionel était encore seul candidat et que beaucoup de ceux qui étaient à la direction du parti pressaient Henri de se déclarer. Il hésitait vraiment, moi aussi. Mais il fallait trancher. Tard dans la nuit, je lui avais dit :

> Il faut que tu y ailles, non pas parce que tu vas battre Jospin, je ne crois pas que tu le battras, il est le plus ancien dans le grade le plus élevé, il a été ministre d'État et Premier secrétaire pendant de longues années. Il est en situation. Mais tu es premier secrétaire du Parti socialiste, il faut que tu y ailles comme Premier secrétaire, pour défendre cette légitimité-là.

Ce n'était peut-être pas un bon conseil, mais… Donc il a été battu par Jospin. Et, logiquement, ceux qui avaient poussé Emmanuelli à se présenter n'ont pas été associés étroitement à la campagne

Et comment ça se fait que tu aies poussé Henri à se présenter ?

Parce que c'est ma conception profonde de la légitimité du Parti…

Toi-même tu étais très proche de Lionel.

Oui, on a eu évidemment cette conversation avec Lionel, car il l'a très mal pris et on s'en est expliqué. J'ai défendu cette cohérence de la candidature du Premier secrétaire. D'ailleurs, plus tard, en 2011, Hollande n'a pas compris que je vote pour Martine Aubry contre lui, mais c'était parce qu'elle était Première secrétaire. Comme, quelques mois auparavant, j'avais dit à Hollande : « Je voterai pour toi contre Strauss Khan » – qui pourtant était poussé par une campagne d'opinion impressionnante avant son accident de parcours –, et j'avais dit alors à Dominique : « Non, je ne voterai pas pour toi mais pour Hollande parce qu'il a été premier secrétaire. »

Je le répète, pour moi, c'est le premier secrétaire qui doit d'être le candidat du Parti socialiste. Pour le militant socialiste que je suis depuis toujours, la logique de la « légitimité partidaire » si j'ose dire, impose cette évidence : le premier des socialistes doit les représenter dans le combat électoral. Et il m'est arrivé trois, quatre fois de le dire…

Le Premier secrétaire prime sur tout.

Pour aller au-delà de cette formule, ma conviction profonde est que la démocratie, la vraie, c'est-à-dire la démocratie représentative et, bien entendu, pluraliste, a besoin des partis politiques et, je vais plus loin, de partis forts. Ce n'est pas un hasard si leur rôle est reconnu par la Constitution de la République : ils « contribuent à l'expression des suffrages ». Les pays où les partis sont interdits ou un parti unique imposé ne sont pas des démocraties. Et j'ajoute que je crois plus aux projets collectifs qu'aux aventures individuelles et que les partis politiques, tout décriés qu'ils soient par la pensée unique, sont l'expression de ce « collectif » : un parti est d'abord et avant tout une intelligence collective. Et ceux qui animent ces intelligences collectives méritent le plus grand respect ne serait-ce que pour leur contribution au débat démocratique. S'ils sont aussi élus démocratiquement par les militants de leurs partis, devenant ainsi « premier des militants », ils doivent en recevoir la contrepartie naturelle : mener le combat. Éloge des partis, éloge des militants, éloge des citoyens qui s'engagent. Je sais bien que ce n'est pas un discours à la mode, mais c'est le mien, plus que jamais, surtout au moment où les vieux partis meurent sous nos yeux : il est urgent d'en reconstruire !

En partie prime sur tout.

Ça m'a coûté une seule brouille, celle avec Lionel qui n'a pas été agréable à vivre mais qui n'a pas trop duré et qui a été vite effacé par la victoire de 1997.

Tu es donc élu député pour la première fois en 1993 et tu seras réélu sans discontinuer jusqu'en 2017. Tu as donc vécu l'évolution du travail parlementaire, y compris la révision constitutionnelle de 2007-2008. Quelle est ta vision du rôle de parlementaire ? A-t-elle changé au long de toutes ces années ?

Je ne crois pas que ce rôle ait fondamentalement changé, si ce n'est ces dernières années sous le double effet d'une arrivée massive de députés sans expérience, sans culture politique et très donneurs de leçons qui, avec leur soi-disant « nouveau monde », ont mis de sérieux coups de boutoir contre cette vieille institution qui ne le méritait vraiment pas, et d'un exécutif, le président en premier lieu, qui n'a ni expérience ni culture parlementaire et qui, si j'ose dire, voit le Parlement comme un machin où il y a trop de monde, qui coûte un pognon de dingue et ne sert qu'à faire perdre du temps à l'exécutif. Je dois dire que les premières mesures prises en 2017 par François de Rugy, le nouveau président de l'Assemblée, m'avaient choqué car marquées d'un antiparlementarisme de mauvais aloi et d'une défiance à l'égard des personnels de l'Assemblée, pourtant de remarquable qualité, de très mauvais goût. Heureusement, Richard Ferrand a rectifié le tir, car l'antiparlementarisme est toujours porteur de reculs démocratiques déplorables.

J'ai beaucoup aimé l'Assemblée. C'est une belle maison et l'on peut, pour peu qu'on le veuille bien, y faire du très bon travail. J'y ai beaucoup travaillé, et ce travail pendant toutes ces années n'a fait que renforcer ma culture parlementariste : je suis entré à l'Assemblée en 1993 parlementariste de conviction et l'ai quittée vingt-quatre ans après parlementariste de conviction et de cœur…

Et j'y ai vécu de grands moments de ma vie politique et personnelle !

Ce n'est pas l'heure des bilans, encore moins exhaustifs, mais je veux citer quelques grands moments de ma vie parlementaire pour montrer combien ils sont constitutifs de ma personnalité, forgée au fil des ans :

- 1993, à peine je suis élu à l'Assemblée qu'un grand combat se présente, celui de la défense de l'école publique face au projet d'aggravation de la loi Falloux par le ministre de l'Éducation du gouvernement Balladur, un certain François Bayrou. Je suis le responsable du dossier Éducation pour le groupe et je mène le combat. Avec quelques copains, dont Julien Dray et Didier Mathus au premier chef, on se bat comme des chiens, jour et nuit dans l'hémicycle. Bayrou en perd son latin et, plusieurs fois, ses nerfs avec… Et si l'on perd sur le vote parlementaire, on gagne quelques jours après, avec l'immense manifestation de janvier 1994 qui accompagne la censure du Conseil constitutionnel. Magnifique combat fondateur pour un jeune parlementaire…

- 1994, ma première mission parlementaire. Et quelle mission ! Avec des parlementaires de toute l'Europe, je pars quelques semaines en Afrique du Sud, surveiller la préparation et le déroulement des premières élections libres dans ce pays, celles de la fin de l'apartheid et de l'arrivée au pouvoir de Mandela. Bouleversante mission d'observation de l'éveil d'un peuple à la démocratie. Et début d'une passion de ma part pour ce pays où je suis retourné souvent et où j'ai eu l'immense privilège de rencontrer plusieurs fois cet immense personnage que fut Mandela, monument de courage et de sagesse.

- 1998, après l'assassinat du préfet Claude Érignac, que je connaissais et pour qui j'avais grande estime, je suis chargé de présider la commission d'enquête parlementaire sur la Corse, une commission parallèle à l'enquête judiciaire, pour mettre à plat toutes les relations entre l'État et la Corse. Six mois d'un travail intense, grave, passionnant dont le rapport, je le crois, a fait date.

J'arrête là, même si je voudrais citer plein d'autres sujets pour lesquels je me suis passionné, comme mon rapport sur la géopolitique de l'eau pour la commission des Affaires étrangères ou l'amendement que j'ai fait adopter contre la droite et son bras armé agricole, la FNSEA, pour inscrire dans le Code civil que les animaux sont « des êtres vivants doués de sensibilité » pour faire un grand pas dans la reconnaissance du bien-être animal, un projet que j'ai mené après une conversation passionnante avec Boris Cyrulnik. Ce que je veux démontrer c'est que sur des sujets extrêmement divers, le parlementaire engagé que j'étais a pu réaliser des travaux de fond qui, avec l'aide des administrateurs de l'Assemblée qui sont des personnels très compétents, ont laissé des traces que j'ose qualifier d'honorables. J'en suis plutôt fier.

Tu es secrétaire d'État à l'Enseignement technique en 1992 où tu retrouves François Mitterrand, à l'Élysée, cette fois-ci autour de la table du Conseil des ministres, puis, en 1998, ministre de l'Agriculture sous le « quinquennat Jospin ». Une fin d'époque et une cohabitation. Comment as-tu vécu l'exercice ministériel dans ces circonstances politiques bien différentes ?

Les deux circonstances politiques de mes nominations au gouvernement sont profondément différentes. En 1992, quand Pierre Bérégovoy, qui vient d'être nommé Premier ministre et que je connais bien parce que nous avons passé ensemble les premières années si enthousiasmantes à l'Élysée, me propose d'entrer au gouvernement pour y être secrétaire d'État en charge de l'Enseignement technique et professionnel, j'éprouve une grande fierté, une émotion particulière et, en même temps, je mesure les difficultés de la situation politique, un an avant les prochaines législatives qui s'annoncent comme très difficiles pour les socialistes. J'interroge donc Pierre pour lui demander ce qu'il compte faire, avec qui, quelle stratégie, quel projet politique et j'entends de sa bouche comme une résignation :

> Oh ! Tu vois bien la situation politique et le calendrier qui sont devant nous. Cela ne nous laisse pas beaucoup de marges de manœuvre. On va essayer de limiter les dégâts et, j'espère, de faire deux ou trois réformes utiles au pays.

J'avais une relation personnelle très étroite, chaleureuse, intime, avec Pierre avec qui j'avais travaillé avant 1981 au PS et dans la première équipe de l'Élysée où ces liens d'amitié furent si essentiels. Cet homme sorti du rang avec ses deux CAP en poche, avait un « bon sens populaire » profondément ancré en lui, était un bourreau de travail et, dans l'intimité, était capable de se laisser aller à l'affectif et à l'humour avec spontanéité. Sa destinée tragique m'a d'autant plus marqué que j'en ai vécu les dernières semaines, les derniers jours, de très près : nos bureaux se faisaient face à l'Assemblée et nous avons beaucoup échangé, lui me confiant sa détresse et moi, impuissant, essayant de le soutenir…

J'ai donc été membre du gouvernement de Pierre pendant un an sous le second septennat de François Mitterrand, comme secrétaire d'État en charge de l'Enseignement technique et professionnel, auprès de Jack Lang, ministre de l'Éducation et de la culture. « De l'intelligence et de la beauté » comme l'avait écrit celui-ci dans un courrier célèbre au président pour revendiquer cette fonction…

Au-delà de la fierté de cette première sélection dans l'équipe nationale, je me suis consacré à cette tâche avec passion. J'aimais depuis toujours l'éducation, la transmission, et j'avais un lien personnel et direct avec l'Éducation nationale, le service public de l'Éducation. J'avais même enseigné dans un établissement technique ! Je me souviens de cette chef d'établissement m'accueillant en début d'année, et remarquant que mon service n'était pas complet en termes d'horaires, m'avait demandé si j'étais disponible pour le compléter.

— Bien sûr, mais dans quelle discipline ?

— J'ai des besoins en dactylo, ça vous tente ?

— Banco, j'apprendrai avec les élèves…

Et j'ai appris l'azerty. Pendant cette année je me suis efforcé de valoriser l'enseignement technique et professionnel comme une filière d'excellence pour casser son image de « voie de relégation ». J'ai multiplié les initiatives en ce sens. Et, sur le fond, j'ai pris une décision que je crois majeure : généraliser l'alternance sous statut scolaire dans l'ensemble des filières techniques et professionnelles pour que, dans leur formation initiale, tous ces jeunes aient au moins une expérience concrète de l'entreprise. Mais, un an, c'est court… j'en garde malgré tout un très bon souvenir, d'autant que Lang qui avait un emploi du temps surchargé avec le cumul de ses deux ministères, et qui n'avait pas une appétence particulière pour le parlement, me demandait souvent, très souvent, de l'y représenter. Et cela me passionnait.

Ma deuxième expérience ministérielle fut tout autre, à la fois dans sa durée, son contenu et son contexte. Elle se situe dans la législature 1997-2002 et les gouvernements de Lionel Jospin dans la cohabitation avec Jacques Chirac. En 1997, j'avais été réélu député et j'avais été élu premier vice-président de l'Assemblée nationale (dont le président était Laurent Fabius). Nouvelle et captivante expérience : présider des séances de l'Assemblée… c'est une science ! Une science passionnante car délicate et politiquement subtile : faire respecter à la fois le fait majoritaire et le droit des minorités, ce qui est l'essence même de la démocratie. C'est pendant cette première année de la législature que j'ai vécu cette expérience aussi grave, sérieuse, pathétique à certains égards que passionnante et formatrice, de présider et la commission d'enquête parlementaire sur la Corse après l'assassinat du préfet Érignac dont j'ai parlé plus haut.

Et, en octobre 1998, Lionel Jospin m'appelle chez moi un week-end et me demande de venir le voir. « Je ne suis pas à Paris mais dans les Pyrénées, est-ce que ça peut attendre demain dimanche ? » « Oui pas de problème, viens à la résidence de la Lanterne vers 11h. Je t'attends. »

Je ne connais pas l'objet de cette rencontre mais je prends mon billet d'avion pour Paris le soir même. Et le lendemain, à la Lanterne, résidence d'État qui était encore celle du Premier ministre avant que le président Sarkozy ne la « réquisitionne », Lionel Jospin m'indique que Louis Le Pensec, ministre de l'Agriculture depuis un an, élu au Sénat, a décidé de quitter le gouvernement et me propose de le remplacer. Et il m'explique pourquoi ! Il a élaboré une véritable « fiche de poste » et, toutes recherches effectuées, je suis celui qui y correspond le mieux. Je me souviens de son propos « avec le marin que tu es, habitué aux quarts de nuit, je sais que tu ne t'endormiras pas à Bruxelles en pleine nuit au milieu d'un marathon agricole ou que, ancien joueur de rugby, tu ne te déballonneras pas si ça chauffe avec la FNSEA »... Bon, évidemment, j'accepte. Pour être franc, je n'avais jamais imaginé devenir un jour ministre de l'Agriculture et n'étais en rien préparé à cela. Mais j'étais député d'une circonscription rurale, très investi dans plusieurs dossiers agricoles (le maïs, la filière canard…) et, à la commission des Affaires sociales de l'Assemblée, j'étais rapporteur du budget annexe des prestations sociales agricoles, le BAPSA. Je ne partais donc pas tout à fait de rien…

Mais je ne vais pas parler ici d'agriculture et de politique agricole, car tel n'est pas l'objet de cet entretien me semble-t-il.

En revanche, j'aimerais aborder quelques réflexions politiques sur ces années passées dans le gouvernement de Lionel Jospin :

- D'abord, c'est un gouvernement de cohabitation avec le président Chirac. Situation politique particulière que ce « partage du pouvoir » que j'avais déjà vécue côté Élysée. On pourrait croire que ce partage ne portait que sur des domaines constitutionnellement définis (Défense, Affaires étrangères, fonctionnement des pouvoirs publics…). Mais, de fait, l'Agriculture, si elle n'était pas un domaine partagé, n'en était pas moins étroitement surveillée par le président : d'abord parce qu'il avait été ministre de l'Agriculture dans sa longue carrière, ensuite parce que ses liens, politiques et personnels, avec les dirigeants de la FNSEA, principal syndicat professionnel étaient très, très étroits… je me souviens d'un ministre de l'Agriculture européen qui, après un Conseil européen qui devait entériner l'accord des ministres sur la nouvelle PAC, m'avait dit « dis donc, ton président, il se croit encore ministre de l'Agriculture ?! Il est intervenu plusieurs fois sur ce sujet lors du Conseil alors qu'il a été silencieux sur bien des autres points à l'ordre du jour pourtant très lourds ! » Et, de fait, Chirac était intervenu plusieurs fois pour obtenir des chefs d'États et de gouvernements, qui n'en croyaient pas leurs yeux et leurs oreilles – y compris parce qu'ils ne savaient pas de quoi il parlait ! –, le rétablissement de la « prime Hérode », prime à l'abattage des petits veaux, pour un rapport pour la France de quelques millions d'euros sur 7 milliards dont notre pays bénéficie de la PAC. Il faut dire que le président des éleveurs bovins en France était corrézien et qu'il avait passé commande... Sur la gestion de la crise de la « vache folle », cette attitude de Chirac ne nous a pas, c'est le moins que l'on puisse dire, facilité les choses.

- Deuxième réflexion politique : ce gouvernement était un gouvernement de « gauche plurielle » avec des ministres socialistes, bien sûr, mais aussi républicains comme Chevènement, radicaux, écologistes et... communistes. Pour moi, c'était une grande satisfaction car je suis, profondément, politiquement et culturellement, un homme qui, en adhérant au Parti socialiste avait adhéré à sa stratégie d'union de la gauche. Et je dois dire que j'ai éprouvé un grand plaisir et, à certains égards, une jubilation politique à retrouver ces ministres communistes comme Marie-Georges Buffet ou Jean-Claude Gayssot à qui me lient des amitiés sincères et profondes. J'ajoute que, dans les réunions de ministres où les débats politiques étaient très libres, cette convergence amicale a, bien souvent, trouvé une traduction politique.

- Troisième et dernière réflexion politique : Jospin. Je suis trop proche de lui pour en faire un portrait objectif ou pour décrire sa trajectoire politique avec la distance nécessaire. Mais ce que je peux dire, c'est qu'il a été un remarquable Premier ministre. Un grand Premier ministre. Je ne dis pas cela pour revaloriser son bilan d'autant que je pense – immodestement d'une certaine manière puisque je participais directement à son action – que ce bilan a été très bon et bénéfique à la France. Non, je parle de ce que j'ai vu en termes de fonctionnement des pouvoirs publics, d'animation de la « machine interministérielle » et de processus de décision. J'ai vu et vécu un mode de fonctionnement gouvernemental tout à fait remarquable en termes de *respect* d'abord : respect des institutions, respect du Parlement – ce n'est pas si fréquent ! –, respect des personnes, respect des sensibilités, du pluralisme et de la démocratie. Avec une vraie délibération collective ! Nous avions tous les quinze jours à Matignon une réunion de ministres où la parole était libre, très libre ! On aurait dit une réunion de section du PS au temps de sa splendeur... et, pendant ces réunions, Lionel, très à l'écoute, prenait des notes, des pages et des pages de notes. Et puis, il arbitrait, tranchait, décidait. Clairement et fermement. Une autorité vraie. J'ajoute un dernier point avec une anecdote : une nuit, à Bruxelles, à deux ou trois heures du matin, dans un « marathon agricole », on vient me dire que le Premier ministre veut que je le rappelle, ce que je fais immédiatement. C'était juste pour me demander comment ça se passait et m'encourager. C'est assez rare ce genre de comportement en politique... Bref, ce que je veux dire et qui a beaucoup de sens pour moi, c'est que Lionel était un vrai et bon capitaine d'équipe ou d'équipage.

Alors je voudrais terminer sur un sujet qui t'est cher et qui nous est cher, et qui est d'actualité, mais qui remonte à évidemment beaucoup plus loin.
Au fur et à mesure de ton engagement au sein du Parti, tu as consacré beaucoup de temps à la question de la laïcité. Le Parti socialiste a un rapport,

j'allais dire, consubstantiel avec la laïcité. Et pour autant, ce rapport consubstantiel, non pas qu'il apparaît moins fort aujourd'hui parce que finalement les textes qui ont été adoptés, y compris récemment, par la direction nationale du Parti peuvent être regardés sans trop de réticences, ou en tous les cas pas trop de réserves, dans l'opinion, ce sentiment d'un lien consubstantiel entre Parti socialiste et laïcité s'est atténué, pour ne pas dire autre chose.

C'est le moins que l'on puisse dire ! Alors comment j'y viens ?

D'abord, par mon éducation, presque paradoxalement : mes parents étaient des catholiques croyants et pratiquants. Mon père en particulier : très croyant, très pratiquant. Mais, après nous avoir baptisés, ils ont refusé de nous donner la moindre éducation religieuse, ni catéchisme, ni communion, ni messe hebdomadaire… pour eux, si nous devions devenir croyants ce serait « par la grâce de Dieu ». Bon, je suis devenu athée, athée mâtiné d'agnosticisme, parfois tenté par l'anticléricalisme et, en tout cas, très méfiant à l'égard des religions, très critique à l'égard de leurs intégrismes… mais je n'oublie pas le scrupuleux respect de ma liberté de conscience que m'ont accordé mes parents. C'est peut-être là le cœur de mon engagement laïque.

Ensuite, naturellement parce que la laïcité est consubstantielle, pour reprendre ton expression, à mon engagement politique personnel : je suis socialiste donc laïc, imprégné de la pensée, des écrits, des combats de la gauche républicaine de la fin du XIXe siècle. Jaurès, Clemenceau, mes maîtres.

Mais j'ajoute que j'étais enseignant, comme je te le disais plus haut à la fin de mes études, mais je l'ai été aussi à Sciences Po de 1989 jusqu'à 1992, et je le suis de nouveau, toujours à Sciences Po, depuis 2018. J'ai un attachement fort à l'enseignement. J'ai la passion de la transmission. Je suis un socialiste normal, membre du parti des profs barbus de 1981. Si tu ajoutes à ça mon passage comme secrétaire d'État à l'enseignement technique dans le gouvernement de Pierre Bérégovoy, tu complètes le cocktail : passion, engagement, expérience pour et dans l'éducation nationale…

Et puis il y a une quatrième cause de cet engagement, qui vient de mon expérience parlementaire et que j'ai racontée plus haut : l'épisode de la fin 1993 quand je suis chargé par le groupe socialiste de mener – avec d'autres ! – le combat contre Bayrou et son projet sur la Loi Falloux. Moment très fort de ma vie politique.

En 2002, après la douloureuse défaite de Lionel dont j'ai dirigé la campagne, je suis réélu député et François Hollande me propose de réintégrer la direction du Parti (bureau national et secrétariat national) et me demande de quoi je souhaiterais m'occuper au sein de celle-ci. Je choisis de travailler sur la laïcité parce que j'ai mal vécu, comme beaucoup de socialistes, l'épisode de 1984, du retrait du projet

Savary et de cet épisode de la guerre scolaire perdu parce que pas livré ou perdu parce que mal livré. Alors que l'on avait sans doute là l'occasion de créer un grand service public et laïc de l'Éducation, ainsi que cela était prévu dans les 110 propositions de François Mitterrand et dans le projet éducatif du PS, sous l'égide de Louis Mexandeau auquel j'avais participé comme collaborateur du Parti. Une occasion perdue alors que je reste persuadé que le projet Savary était un compromis qui a stupidement mis un million d'opposants dans la rue. Je dis « stupidement » car je reste persuadé que la droite catholique et l'Église catholique française, si on leur avait dit avant 1981 que telle serait la sauce à laquelle elles allaient être mangées, auraient probablement signé des deux mains. Parce que c'était un compromis qui permettait de faire un pas dans la bonne direction.

Mais bon, il y a eu des surenchères, des malentendus, des maladresses et tout a capoté. Et puis les choses se cristallisent, la gauche s'est divisée sur ce sujet et la droite découvre avec bonheur la première véritable occasion de mobilisation populaire depuis sa défaite de 1981 avec une manifestation énorme de plus d'un million personnes en 1984. Je me souviens de cette crise scolaire et de cet épisode de la manifestation : nous étions quelques-uns à l'Élysée en ce dimanche, en liaison radio avec le ministère de l'Intérieur et la préfecture de police, suivant très attentivement – sur un plan de Paris ! – le déroulement de la manifestation d'où les rumeurs les plus insurrectionnelles nous parvenaient. Des moments de grande tension. Et, *in fine*, Mitterrand prend la décision de sagesse de calmer le jeu et cette crise scolaire aboutira à beaucoup plus que le retrait du projet, à un changement d'équipe gouvernementale : Mauroy est remplacé par Fabius à Matignon, Savary par Chevènement à l'Éducation et les communistes quittent le gouvernement…

Comme militant, j'ai mal vécu ce moment parce que, sur ce sujet que tous les socialistes avaient à cœur de défendre, on s'était divisé et on avait perdu une bataille essentielle. Une nouvelle bataille, après celle déjà perdue de la loi Debré.

Et puis il y a un deuxième épisode du vécu collectif de la Gauche au pouvoir entre 1981 et 1995, qui a profondément marqué ma réflexion sur la laïcité et, plus profondément encore, divisé la gauche durablement, c'est ce qu'on a appelé l'affaire des jeunes filles voilées du collège de Creil en 1989.

Mais contrairement à ce qu'on croit souvent sur cette affaire, si la Gauche se divise, c'est sur la durée car sur l'instant elle n'est pas divisée ou presque pas, j'y reviendrai. On résume trop souvent la position de la gauche à celle de Lionel Jospin, le ministre de l'Éducation nationale qui s'abrite derrière l'avis du Conseil d'État… Mais Mitterrand, président de la République, Rocard, Premier ministre, Mauroy, Premier secrétaire du Parti socialiste, et Jospin donc, ministre de l'Éducation nationale, prennent la même position. C'est une position concertée et politique de ne pas livrer cette bataille contre le voile.

Pourquoi ?

La première des raisons qui fait qu'on ne livre pas bataille, c'est – si j'ose dire – que la ficelle est un peu grosse : elle est menée – tous les socialistes de Creil et de l'Oise nous le disent – par un principal de collège qui s'appelait Chénière, militant RPR et déjà candidat aux prochaines législatives (de fait, il allait y devenir député passagèrement) et qui, se servant de ce cheval de bataille antimusulman présentait déjà tous les symptômes d'un dévoiement de la laïcité que la droite et l'extrême droite ont fait fructifier depuis, comme un combat contre une religion et une seule.

La deuxième raison, c'est clairement que la gauche, dans son ensemble ou pour être précis, sa quasi-totalité, sous-estime à l'évidence la menace islamiste. Je me souviens d'une conversation que j'ai eue depuis avec Élisabeth Badinter qui, s'entretenant à l'époque avec François Mitterrand, disant ses inquiétudes, et à qui le Président répondait « voyons Élisabeth, vous n'allez pas me faire croire que ces trois fillettes avec leurs fichus sur la tête menacent la République ! »

Et la troisième raison, que je n'ai découverte qu'assez récemment lors d'une conversation avec Lionel Jospin, c'est que lorsque celui-ci propose, toujours au nom de l'ensemble du pouvoir socialiste, de s'en remettre à la sagesse du Conseil d'État, tous les conseillers juridiques du gouvernement pensaient que ce dernier allait avoir une position ferme. Mauvaise pioche…

Et s'il y a un seul reproche à faire à Lionel dans cette affaire, et si je l'évoque là ce n'est pas avec son aval et encore moins en son nom mais parce que j'ai la conviction qu'il le reconnaît sincèrement, c'est que quand il est interrogé au parlement sur la suite à donner à la nécessaire concertation avec les familles des élèves concernées dans les établissements pour les convaincre de retirer leurs voiles à l'entrée de ceux-ci, si cette concertation n'aboutit pas, il répond « si la concertation n'aboutit pas, l'École de la République a le devoir d'accueillir tous les enfants de celle-ci » alors qu'il aurait dû répondre « si la concertation ne suffit pas à convaincre, l'autorité doit être ferme et interdire l'entrée des élèves voilées ». Mais cela, il nous faudra encore quelques années pour le comprendre collectivement.

Donc, la gauche dans son dispositif politique, dit : « Non, on ne livre pas cette bataille, on n'est pas dupes de la manœuvre de Chénière, et on trouve une solution de compromis intelligent. » Et là, il y a juste un quarteron d'intellectuels de gauche, à qui il faut rendre hommage rétrospectivement – Élisabeth Badinter, Régis Debray, Élisabeth de Fontenay, Catherine Kintzler et Alain Finkielkraut – qui publient une tribune retentissante dont j'ai oublié le titre exact mais qui disait : « Attention, c'est le début d'une capitulation. »

Ils avaient raison mais on ne le savait pas. La prise de conscience collective commençait à peine.

On en est encore là du débat quand François Hollande me propose de revenir à la direction du Parti et me demande de choisir mon domaine de compétence : ce sera secrétaire national à la Laïcité. Je crée une université permanente de la laïcité. On nomme des responsables fédéraux à la Laïcité dans toutes les fédérations, et on commence à travailler le sujet. Le travail, sur le fond et les idées, seule issue pour un parti politique digne de ce nom face à ce genre de situations. Car le débat idéologique sur ce sujet de la laïcité est peut-être plus complexe pour la gauche que ne veulent bien le dire certains. D'abord, c'est vrai que la gauche, et la gauche socialiste en particulier, a inventé la laïcité à la fin du XIXe et au début du XXe siècle avec une démarche courageuse pour affranchir la République de toute tutelle de la religion et « arracher » littéralement celle-ci de sa domination par une religion et une seule, la religion catholique. Elle a mené ce combat rude, très rude, contre le parti de la droite catholique car les deux se confondaient alors et se sont longtemps confondus. La gauche a incarné pendant longtemps ce combat pendant un siècle environ et semble désormais en être dépossédée, après s'être fracassée sur ses divisions à ce sujet.

Et il est fondamental de comprendre le « pourquoi ? » de ce divorce si l'on veut retrouver le chemin du mariage heureux entre la gauche et la laïcité.

Cela commence par la loi de séparation en 1905 qui proclame la liberté de conscience (et non pas la liberté religieuse comme l'évoque la droite, car la liberté de conscience est plus ambitieuse que celle-là : ce n'est pas seulement la liberté de croire, c'est aussi la liberté de ne pas croire, au moins aussi essentielle), affirme que le « libre exercice des cultes » doit se conformer au respect de l'ordre public et affirme la séparation des Églises et de l'État, celui-ci devant être « neutre », d'un point de vue spirituel.

Prenons un peu de distance – ou de hauteur comme tu veux, c'est une distance aussi – avec cet évènement juridique fondateur de la laïcité et tirons-en deux ou trois réflexions :

D'abord pour bien voir que la naissance de la laïcité en France est originale sans être singulière : elle s'inscrit, de fait dans un vaste mouvement de « sécularisation » c'est-à-dire de mouvement lent de distanciation des gouvernements des peuples d'avec les Églises dans les sociétés contemporaines notamment en Europe. Très peu de pays en Europe se déclarent laïcs (le Portugal, je crois, est le seul avec nous) mais tous sont plus ou moins engagés dans la sécularisation. Et, d'ailleurs, quand tu veux traduire « laïcité » dans une langue étrangère, on trouve, dans les dictionnaires, le terme « *secularism* »…

Il y a une rengaine qui affirme que la « laïcité » serait une spécificité nationale que la France aurait l'arrogance de vouloir imposer au monde. Curieuse approche intellectuelle et politique : je ne sais pas, je ne vois pas comment l'affirmation et la protection de la liberté de conscience qui est sans doute la plus belle des libertés, parce que la plus intime, serait condamnée à n'être qu'une spécificité française ! On est me semble-t-il plutôt dans l'universalisme pur et parfait dans la conception des choses en tout cas. Dans leur traduction, c'est autre chose.

Après cette nécessaire prise de hauteur, essayons de voir ce qui se cache derrière ce concept en termes de philosophie politique : la « philosophie laïque » n'est-elle applicable que pour la protection de la spiritualité des hommes et des femmes ou pour les rapports des États avec les Églises ? Ne la retrouve-t-on pas dans d'autres problématiques essentielles du gouvernement des hommes ? Par exemple, si l'on regarde la question identitaire qui est, quoi qu'en disent certains aveugles qui s'obstinent à la nier et qui prennent ainsi l'écrasante responsabilité de la confier à la droite extrême et à l'extrême droite, un sujet parmi les plus – je ne dis pas « le plus » ! – essentiels pour notre imaginaire collectif et l'expression de l'une des préoccupations tout aussi essentielles d'une immense majorité de nos concitoyens, attachés à leur pays, à sa langue, à sa culture, à sa civilisation. On voit bien que c'est la capacité à conjuguer différences et unité qui est en jeu : comment respecter les différences, toutes les différences qui ne sont plus alors seulement religieuses mais aussi culturelles, de pratique sexuelle, d'origine, etc., sans détricoter ce qui fait notre nécessaire unité ? Versus comment construire et perpétuer cette unité sans détruire ces différences qui sont aussi un enrichissement de celle-ci ?

Eh bien je suis de ceux qui pensent que la laïcité, la philosophie laïque, apporte à cette question centrale la seule réponse républicaine qui vaille. Pourquoi ? Parce que la philosophie laïque c'est à la fois de respecter les différences, toutes les différences, mais sans jamais qu'une seule de ces différences ne dicte sa loi aux autres, parce qu'au-dessus de ces différences, il y a le bien commun, ce qui nous réunit. Cette philosophie laïque, c'est le mariage heureux des libertés avec l'unité et le commun. Voilà pourquoi je suis toujours méfiant devant les gens de droite qui se disent laïcs – il en existe, bien sûr et j'en connais de vrais – mais le plus souvent ils sont soit dans l'obsession de l'unité que j'appellerai « civilisationnelle » et c'est la porte ouverte pour eux au racisme, au machisme, à l'homophobie, soit dans celle de la liberté, c'est le cas des vrais libéraux et, dans leur culte des libertés, ils mettent par-dessus tout la liberté religieuse et c'est la portée ouverte au communautarisme religieux. Les deux sont contradictoires et révélateurs d'une vieille fracture de la droite, mais les dégâts républicains sont complémentaires.

Et, j'en reviens à la gauche et à sa difficulté à retrouver une relation harmonieuse et féconde avec la laïcité. Son problème est inverse si j'ose dire : la gauche est politiquement et historiquement libérale au sens politique du terme pas au sens économique, bien entendu. La conquête de nouvelles libertés, de nouveaux droits, a toujours été pour elle une obsession majeure et louable jusqu'à ces dernières décennies et les évènements évoqués plus haut où son obsession du respect des différences l'a progressivement éloignée du combat pour le commun. L'obsession du droit à la différence l'a égarée vers la différence des droits, incompatible avec la culture républicaine. Comme si l'on avait oublié que les droits en République ont des devoirs en miroir. Les droits et les devoirs, c'est la règle du jeu consubstantielle à la République. Comme si l'on avait oublié ce qu'on apprenait à l'école il n'y a pas si longtemps : mes libertés s'arrêtent là où commencent celles des autres, conformément à l'article 4 de la déclaration universelle des droits de l'Homme et du Citoyen. Or, face à un nouveau défi pour la République, l'apparition et le développement d'une nouvelle religion, l'islam, quasi inexistante en 1905, une partie non négligeable de la gauche, au lieu de se caler sur la loi de 1905, oublie les devoirs pour s'en tenir aux droits, oublie le devoir d'unité pour se focaliser sur les libertés. Et, faisant mine de croire que les musulmans de France seraient le nouveau « lumpen-prolétariat », elle crie « liberté pour les musulmans de pratiquer leur culte » en oubliant les limites de cette liberté, limites qui s'appliquent aussi à la religion catholique, et elle crie « droits des musulmans à vivre comme ils l'entendent » en oubliant les devoirs qui sont ceux des Français musulmans comme ceux de tous les citoyens.

Voilà, rapidement dit, ce que les sont les termes du débat laïque au début des années 2000, quand je suis nommé secrétaire national à la Laïcité du PS. Très vite, je suis chargé au parlement de travailler sur le dossier de l'interdiction des signes religieux, c'est-à-dire de la future loi de 2004.

Une mission parlementaire est constituée pour travailler sur ce sujet et, plus précisément, pour traduire en droit les recommandations de la commission Stasi qui avait fait un excellent travail sur la question. Je pense d'ailleurs que l'on a perdu une très bonne occasion pour la République en ne retenant de ses travaux que la question des signes religieux à l'école aussi importante soit-elle. Car toutes les autres recommandations reflétaient un équilibre précis, concret et novateur. Dommage. Dans cette mission parlementaire, non seulement je prends conscience de l'échec de l'attitude des gouvernants socialistes de 1989 et de la dégradation de la situation dans l'Éducation nationale de ce point de vue, non seulement également j'entends les appels à l'aide des syndicats d'enseignants et de chefs d'établissements, mais je touche du doigt, au sens concret du terme, l'offensive politique des islamistes. Y compris lorsque j'ai dans les mains un guide de déstabilisation de l'école publique fait par des islamistes, sous l'égide d'un professeur, Abdallah Milcent, guide pour expliquer aux parents d'élèves musulmans comment il faut déstabiliser concrètement l'école publique. Un guide très sophistiqué, s'appuyant sur les arrêts du Conseil d'État, la jurisprudence des tribunaux et des cours d'appel, les choses à faire, ne pas faire, etc.

Et donc, en 2004, je convaincs sans grande difficulté le groupe socialiste de voter cette loi. Il y a d'ailleurs un relatif consensus à voter la loi de 2004 même si une partie de la gauche vote contre : le groupe communiste – mais mon amie Marie-Georges Buffet a depuis courageusement reconnu qu'ils s'étaient trompés – et Christiane Taubira. Et, là, je croyais que la prise de conscience était faite. Mais elle ne l'était pas encore assez…

En 2009, il y a à nouveau une tentative de Copé de voter l'interdiction de la burqa et du voile intégral. Là, la manœuvre est encore plus énorme qu'avec Chénière en 1989, car elle s'inscrit, on s'en souvient, dans le cadre d'une initiative invraisemblable prise par le président Sarkozy d'organiser un grand débat national, y compris dans les préfectures et les sous-préfectures, sur… l'identité nationale ! Non pas « l'identité française » comme l'avait si magnifiquement étudiée Fernand Braudel pour en démontrer la diversité, la complexité, la richesse, non : l'identité « nationale ».

On imagine le décor : ce grand débat public sur l'identité nationale et sa traduction parlementaire – sa seule traduction ! –, l'interdiction de la burqa. Une traduction évoquée très vite d'une façon révélatrice : une mission d'information est créée pour mesurer l'ampleur du phénomène et envisager les solutions envisageables et, avant sa première réunion, Copé avec sa légendaire délicatesse, annonce qu'elle aboutira à sa proposition !

Nous nous retrouvons donc devant cette offensive de gens de droite, j'ose même dire de droite extrême, animés par une idéologie très anti-islam et qui tentent ouvertement de faire croire qu'ils agissent au nom de la laïcité. Ce qui n'a évidemment rien à voir.

Hésitation du PS. Moi-même je suis partagé : d'un côté la burqa représente tout ce qui n'est pas admissible dans l'espace public français et, au-delà, un instrument de domination de la femme insupportable ; mais en même temps peut-on voter un texte présenté par Copé dans un tel contexte, avec le débat public organisé par Sarkozy derrière ?

On décide assez unanimement, au groupe socialiste de l'Assemblée et au bureau national, de s'abstenir. Sauf quelques voix comme Manuel Valls et une députée authentiquement laïque, ancienne salariée de Michelin à Clermont-Ferrand, Odile Saugues. Mais cette abstention est perçue comme un signe de faiblesse, faute d'avoir été expliquée.

Et puis, l'offensive de l'islam radical se poursuit dans les années 2010, avec de plus en plus de provocations, de relais toujours plus puissants. Et la gauche est d'autant plus mal à l'aise que, paradoxe de l'histoire, la droite extrême et l'extrême droite, qui ont toujours combattu la laïcité, en tant qu'héritiers de la droite catholique et de son parti, le parti catholique qui s'était opposé à la laïcité avec violence au moment de la loi de 1905, se revendiquent désormais de la laïcité, ce qui est non seulement un comble mais un mensonge éhonté : ils n'aiment la laïcité que pour combattre une culture, une religion et une seule.

Et pendant longtemps.

Oui, cela dure depuis longtemps. Ces partis n'ont cessé, notamment avec la sinistre loi Debré de 1959, mais aussi tout au long de la Ve République, de revenir sur les acquis la loi de 1905 et de redonner des avantages à l'Église catholique et à l'enseignement privé catholique. Et ce sont les mêmes qui, sans vergogne, s'emparent de la laïcité comme d'un nouvel étendard dans les années 2000-2010. Et voilà que Madame Le Pen, Monsieur Copé, Monsieur Ciotti, ce point de liaison permanente entre la droite extrême et l'extrême droite, ces gens-là s'emparent de la laïcité.

Ils n'ont rien de laïcs mais on les laisse faire. Car la gauche est démunie parce que s'opère en son sein une sorte de jonction entre les mouvements antiracistes, et notamment SOS Racisme (dans sa première version, spontanée et généreuse, avant ses dérives et sa révolution culturelle) ou bien la Ligue des droits de l'Homme, qui luttent contre toutes les formes de racismes et notamment celles contre les Arabes, qui sont objectivement prégnantes, réelles et inquiétantes dans la société française, et des mouvements d'extrême gauche qui vont développer la thèse selon lesquelles les musulmans sont les nouveaux damnés de la terre en France. Sans aucune analyse sociale autre que sentimentale et fondée sur l'antiracisme, on proclame le nouveau prolétariat qu'il faut défendre, la nouvelle mission de la gauche. C'est comme cela que naît en particulier le fameux terme « d'islamophobie », inventé par les islamistes et crédibilisé par cette partie de la gauche complexée, pendant les moments douloureux des attentats terroristes, pour tenter d'empêcher qu'on ne dénonce les dérives intégristes d'une minorité de musulmans : antiracistes généreux mais aveugles, extrême gauche souvent antisémite et islamistes politiques ont réussi pendant un temps un amalgame idéologique qui formait l'autre pince – la première étant bien sûr formée par la droite extrême et l'extrême droite – de ce que certains intellectuels courageux ont décrit comme la « tenaille identitaire »

Et cette liaison-là fait que la gauche commence à sentir un énorme malaise s'emparer d'elle parce que les républicains laïcs, que sont historiquement les socialistes, ne se sentent plus du tout représentés ni à la tête du Parti socialiste, ni à la tête de l'État, ni dans les débats politiques.

C'est comme ça qu'on est arrivé à cette période de crise ahurissante symbolisée par l'épisode de l'Observatoire de la laïcité, créé par Hollande à ma demande en 2012 mais confié à un homme plutôt issu de la gauche libérale-libertaire, Jean-Louis Bianco, avec qui j'avais travaillé en grande confiance et amitié à l'Élysée pendant plusieurs années. Mais Bianco, en subdéléguant cette responsabilité à un jeune partisan du dialogue avec les islamistes, a permis à ce dernier de critiquer publiquement une position courageuse d'Élisabeth Badinter et de provoquer une fracture impuissantant cet organisme. C'est aussi dans cette période de grande confusion que l'on a connu cette manifestation à la République soutenue par Mélenchon et les insoumis où l'on criait « Allah Ouakbar ».

Tout cela a fini par éclater au grand jour et la prise de conscience a commencé pour la gauche qui, en se fourvoyant, perdait son âme.

Aujourd'hui ce n'est pas gagné du tout, je ne suis pas du tout optimiste mais déterminé. Si je le peux encore, j'aiderai à combattre cette offensive de l'islam politique qui rappelle singulièrement celle de la droite catholique – qui était très politique aussi ! – au début du XXe siècle. D'ailleurs, il y a beaucoup de connivence entre eux… Mais j'aimerais surtout aider la gauche qui va devoir se reconstruire à le faire sur des bases républicaines et laïques solides. Joli chantier…

Dernière question et puis on va s'arrêter. Est-ce que tu penses que cette tenaille en quelque sorte nécessite une réponse législative ? C'est-à-dire qu'il faut de nouveau créer un corps législatif, avec un certain nombre de mesures, lesquelles ? Ou est-ce que finalement ça ne relève pas plutôt d'une bataille culturelle de réaffirmation d'un certain nombre de principes ? Et que, pour cela, il n'y a pas besoin en quelque sorte de loi, il y a juste besoin de gens qui y croient et qui se coltinent le réel en quelque sorte, et qui y aillent ? Et donc qui réaffirment des principes, montrant que ces principes d'ailleurs ne sont pas areligieux, il n'y a pas de mise en cause de la religion. C'est juste qu'il y a un certain nombre de choses qui relèvent de la puissance publique et un certain nombre de choses qui relèvent des croyances privées, que ce sont des choses qui n'ont pas à se mélanger les unes et les autres. Mais voilà, est-ce qu'il y a forcément besoin ? Parce que même à gauche on a parfois eu cette tendance : dès qu'il y a un problème, on légifère.

Essayons d'être aussi clair que possible. Bien qu'ayant été 25 ans parlementaire, je suis très imprégné de cette vieille réflexion de Montesquieu qui disait que les lois inutiles faisaient ombrage aux lois nécessaires.

Et d'ailleurs dans le débat sur le renforcement des principes républicains, j'ai été consulté par le pouvoir en place, et notamment par l'équipe de l'Élysée. Je leur ai dit que la loi de 1905 se suffisait à elle-même et qu'il suffisait d'avoir la volonté et l'autorité de l'appliquer, une thèse que je partage par exemple avec l'historien Patrick Weil. Parce que la loi de 1905, si elle affiche les principes dans ses deux premiers articles, qui sont quasi constitutionnalisés – ils auraient pu l'être si on avait tenu la promesse de Hollande faite au discours du Bourget, et qui n'a jamais été tenue, une de plus… – comporte aussi une trentaine d'articles qui sont répressifs, qui donnent des pouvoirs de sanction.

Bien sûr, extrêmement forts.

Et d'ailleurs je leur disais :

> Mais attendez, pour fermer une mosquée, vous n'avez pas besoin d'un texte, on en a fermé déjà. Pour expulser un imam dangereux, vous n'avez pas besoin de nouvelles dispositions puisque plusieurs avaient déjà été expulsés, donc c'est que la loi le permet déjà.

Donc je ne suis pas fana de ça. Par contre, je suis absolument convaincu qu'il faut une bataille politique, idéologique, culturelle, éducative. Et, je le dis depuis plus de vingt ans, il n'y avait plus d'enseignement de laïcité dans les écoles de formation des professeurs. On n'enseigne plus ce que c'est que la laïcité. Les jeunes, les écoliers, les lycéens, les collégiens ne savent pas ce qu'est la laïcité, on ne leur apprend pas. Et les résultats des enquêtes sur ce sujet sont ahurissants, inquiétants, angoissants.

Car pour beaucoup de lycéens et de collégiens, au fond, les lois religieuses doivent l'emporter sur les lois de la République. On est chez les fous. Enfin je veux dire on est chez les fous, question République.

Les fous qu'on a laissés en fait.

Oui, qu'on a laissé faire. Bon, une loi nouvelle ne me paraissait pas indispensable, même si *in fine* j'ai plutôt approuvé celle qui était là – mais je n'ai pas eu à me prononcer, je ne suis plus parlementaire – car elle allait plutôt dans le bon sens. Mais ce qui est sûr, c'est que cette bataille culturelle, idéologique, éducative, il y a urgence à la mener.

Il est temps de conclure cet échange. Et je ne peux m'empêcher, pour cela, de t'interroger sur la situation de la gauche et du PS en particulier en ce début d'été 2022, quelques semaines après les élections présidentielle d'une part, législatives d'autre part : tu as accepté de participer à cette publication Héritiers de l'avenir… *héritiers, on comprend bien après le récit de cinquante années de militantisme que nous avons survolées. Mais j'ai envie de te demander : héritiers de quel avenir ?*

Les élections de ce printemps… ou la « chronique d'un désastre annoncé » ! Je pense à cette défaite « historique » des législatives de 1993 où nous ne nous sommes retrouvés qu'à une cinquantaine de députés. On croyait avoir touché le fond. Et même, plus récemment, avec la défaite à la présidentielle de 2017, où notre candidat avait réalisé 6 %, comme Gaston Defferre en 1969 : retour à la case départ ! Sauf qu'en 1969, il y a eu des hommes et des femmes lucides et courageux pour réagir, tirer les leçons de l'échec, travailler, élaborer une stratégie politique, reconstruire un nouveau parti : Savary d'abord, je n'oublie pas cet homme hautement estimable, et François Mitterrand bien sûr, avec Épinay-sur-Seine et le programme commun, la stratégie d'union de la gauche. En 2017, rien de tel, rien du tout. Ni dans la forme, ni sur le fond. C'est la première cause de l'incroyable échec de la gauche : l'absence de de travail et aussi de vision depuis 2017. Et même avant…

Et je ne parle pas de la dernière élection présidentielle : notre candidate – je dis « notre » car j'ai voté pour elle – fait 1,7 % et la direction du parti n'a qu'une ambition : survivre. Je l'ai dit plus haut « on ne change pas une équipe qui perd », désastre de la responsabilité politique.

Et la deuxième cause, que je veux exposer de façon factuelle et non polémique mais aussi sans complaisance, c'est l'analyse objective du moment de l'effondrement de la gauche : le quinquennat de François Hollande. Soyons factuels : 2012, il est élu et, en 2017, il n'est même pas en situation de se présenter et notre candidat fait 6 %. Que s'est-il passé entre les deux qui explique cet effondrement ? Eh bien, ça n'intéresse pas le Parti socialiste ! Cette cécité a quelque chose d'ahurissant au plan intellectuel : n'importe quel entraîneur de foot ou de rugby, à quelque niveau que ce soit, local, régional, national ou international, après une défaite convoque son équipe, vidéo souvent à l'appui, pour lui montrer pourquoi et comment ils ont perdu. *Idem* pour un chef d'entreprise qui a raté le lancement d'un nouveau produit non ? Là, rien. Rien de rien. Terrible constat.

J'ose, avant d'aller plus loin, rentrer dans ce débat : j'entends l'explication « abandon des valeurs », loi Travail et déchéance de nationalité à l'appui. C'est celle des « frondeurs » qui se sont, certes, trompés sur tout mais que l'on charge trop volontiers pour faire oublier les vraies responsabilités. Je veux bien, même si la déchéance qui a, malheureusement, été l'option choisie par président, on ne l'a pas faite ! Les députés socialistes l'ont empêchée. Quant à la loi Travail, c'est surtout la première version qui était inacceptable et que les députés socialistes n'ont pas acceptée. Après, il y a eu un long bras de fer avec l'Élysée pour lui faire intégrer plein de progrès sociaux (je me souviens très bien qui, à l'Élysée nous disait « pas touche » et qui maintenant joue à « plus à gauche que moi, tu meurs »...). Mais c'était trop tard : le mal était fait, la bataille d'opinion était perdue.

Non, moi, militant et élu socialiste, ce qui m'a fait décrocher et, autour de moi, beaucoup d'amis, c'est le livre *Un président ne devrait pas dire ça*. La France, et la gauche en particulier, découvraient qu'elles avaient confié la présidence à un homme qui n'en avait pas la carrure. Le costume était trop grand pour lui. Il était bosseur (trop même, enfermé dans son bureau du matin tôt au soir très tard) honnête, intelligent, sympa et drôle mais il lui manquait l'essentiel pour un chef d'État: l'autorité, le courage, l'incarnation, la vision historique... malheur à ceux qui l'ont fait élire!

J'aurais tellement aimé que l'on puisse avoir ce débat collectivement et sereinement. C'eût été très utile pour la gauche et les socialistes.

Une fois ce travail fait, de constat et d'analyse lucide, il faut reconstruire!

Reconstruire ne veut surtout pas dire trouver dans l'urgence un ou une candidate pour 2027. Ça, c'est le règne mortifère du « moi je » et l'impasse.

Non, il faut reconstruire un projet politique, j'ose dire une idéologie au sens « faisceau d'idées », et un outil pour le mettre en œuvre.

Le Parti socialiste est mort? Vive le nouveau Parti socialiste! Ce ne sera plus un parti mais un mouvement ou une alliance? Je m'en fous. Il ne sera plus socialiste mais social-démocrate ou social-réformiste? Je m'en fous. Les étiquettes ne m'intéressent guère. Ce que je sais, c'est qu'il devra être une organisation de gauche, européenne, préférant l'action à la protestation, prête à exercer le pouvoir, à se retrousser les manches, à mettre les mains dans le cambouis, à gouverner les collectivités locales et l'État. Pas pour gueuler, protester, manifester, mais pour réformer et changer les choses concrètement. Pour être utile aux pays, aux Françaises et aux Français.

Et sur quelles bases idéologiques reconstruire cette organisation ? Il faudrait sans douter des dizaines de pages pour défricher ce chemin mais j'ose quelques pistes :

Retrouver la République, d'abord. La gauche, on l'a vu en profondeur dans cet échange, a oublié ses racines républicaines et perdu la laïcité en route alors qu'elle l'avait inventée ! Elle a oublié que la laïcité est un subtil équilibre entre les droits et libertés (la liberté de conscience) et les devoirs républicains (le respect de l'ordre public). La gauche a privilégié les droits, oublié les devoirs. Elle doit rééquilibrer la République et se réaccaparer la laïcité

Retrouver le social. La gauche est d'abord un cri de colère contre les inégalités et les injustices. Elle doit le redevenir ! Les réformes « sociétales » sont nécessaires, mais sans reléguer le progrès social au second plan. Il est temps pour la gauche d'inventer une vraie démocratie sociale avec les partenaires sociaux, une méthode, le dialogue social permanent, le contrat social.

Le projet avant les alliances. L'alliance avec les écologistes, la social-écologie, oui, évidemment, c'est incontournable. Mais avec quels écologistes ?

Les conservateurs qui disent, comme Pétain que « la terre ne ment pas » ? Les écolo-gauchistes qui considèrent que la police de la République est, par nature, raciste voire fasciste ? Ou bien, évidemment, les écologistes réformistes ? Seul le travail de fond sur un projet commun fera la solidité des alliances.

Reléguer la démagogie pour décevoir moins. Quand on promet démagogique (« je n'ai qu'un adversaire, c'est la finance »), on ne peut que décevoir. Il est temps pour la gauche de tenir un discours qui fait appel à la raison et à l'intelligence du peuple et appelant non pas à son émotion mais à sa mobilisation. Et l'on revient à la démocratie sociale comme méthode…

Un dernier mot : je suis optimiste. Au sens où comme Schopenhauer ou Gramsci, j'oppose l'optimisme de ma volonté au pessimisme de ma raison : le Parti socialiste est mort ? La belle affaire ! Il renaîtra tôt ou tard, et le plus tôt sera le mieux.

Car ce qui n'est pas mort, c'est cette belle alliance si bien décrite par Camus, entre l'obstinée défense des libertés individuelles et collectives et la lutte acharnée contre les injustices sociales. Cette belle alliance, elle, n'est pas morte. Je devine même qu'elle a un très bel avenir devant elle.

Table des matières

Composition : Le Bord de L'eau éditions

Cet ouvrage a été achevé d'imprimer en juillet 2022
pour le compte des éditions Le Bord de l'eau
par CPI Firmin-Didot, Mesnil-sur-l'Estrée.

Dépôt légal : Septembre 2022 – N° d'impression : 171253

Imprimé en France